日本一時短なボディメイク

すき間10秒クセづけ

パーソナルトレーナー／理学療法士 Hiromi

果肉を押し出し、
うなじも伸ばす！

クセづけは究極のボディメイク

仕事に家事に育児にと忙しく、日々時間に追われている現代女性。「体を引き締めたいけれど、運動をする時間なんてない！」と諦めていませんか？ そんなあなたに朗報！ 本書で紹介する「クセづけ」は、信号を待つときや階段をのぼるとき、イスに座っているときに「合言葉」を思い出すだけで体が引き締まっていく「新しい筋トレメソッド」です。

座るときの 合言葉 お尻ぷりっ

1日10秒の
クセづけで

立つときの
合言葉
うなじを伸ばす

ストレスフリーにやせよう！

「ダイエット＝キツい筋トレ」というイメージがありますが、実は体型を変えるための近道は姿勢を改善することです。姿勢が崩れていると筋肉がアンバランスに使われて、やせてもイマイチな体型に。ゆがみのせいで肩コリや腰痛といった不調も次から次へと出てきます。1日10秒でできる「クセづけ」でゆがみを改善すれば、全身の消費エネルギーはみるみるアップ。つらい筋トレをしなくても、自然とやせてキレイになり、不調の出ない体に仕上がります。

太りやすい姿勢を「感覚のクセづけ」で正す。
たった「10秒」の繰り返しで脳に教えていく

皆さん、姿勢を正す習慣はありますか？

「胸を張って立つ」

「足指を閉じて立つ」

「首を突き出してスマホを見る」

これらはすべて体をゆがめる残念な姿勢です。1つひとつはささいなクセでも、毎日続けることでゆがみが生じ、コリや痛みといった体の不調や体型崩れを招く引き金となります。

日常の姿勢は、無意識に行っていることがほとんどです。

なぜなら、崩れた姿勢での生活をし続けた結果、その姿勢を「正常な状態」と脳が誤ってインプットしてしまうから。

体を引き締めるためには、脳にインプットされた「残念な姿勢の感覚」を正す必要があるのです。

本書で紹介する「正しい感覚をクセづける合言葉」は、いずれも1回10秒ほどでできるものばかり。毎日続けて習慣になれば、誤った脳の認識が上書きされます。体はどんどん引き締まり、太りにくい体質が手に入ります。

はじめに

トレーニングはわざわざやる必要なし。「合言葉」を1日の中でちょこちょこ思い出して。

こんにちは！パーソナルトレーナーのＨｉｒｏｍｉです。

本書は、体型を変えたい、やせたい、不調を改善したい、健康的な体作りをしたいという方へ、「11の合言葉」による「クセづけ」をご提案する本です。実践すると、長期的に体が引き締まり、鏡で姿を見るのが楽しくなります。体が軽やかになり、不調とさよならでき、旅行も趣味も長く楽しめる体になります。

合言葉とは〝体の使い方のポイント〟です。「山と言われたら川」という合言葉のように、足指と言えば「親指、小指ガバッ！」、肩と言えば「着物を脱ぐ！」と、すぐ頭に浮かんでしまう言葉です。信号を待つときは「うなじを伸ばす！」、身だしなみを整えるときは「胸は張らない」など、最終的には、日常の中でちょこちょこ思い出す合言葉になることが目標です。

さて、運動をしていなくてもやせて適度な筋肉がある人、痛みや不調があまりない人がいるのはなぜでしょう。栄養面や精神面などの影響もあるかもしれませんが、ここでは体の使い方に注目してみます。**例えば、日頃から姿勢を正すクセのある人は、筋肉を地味に使っており、消費エネルギーを生み出しています。日頃から腰に負担の少ない動きがクセになっている人は、腰痛を起こしにくいです。**

皆さんの悩みの根本原因が日常の体の使い方にある場合、筋トレやストレッチだけでは解決に至らないかも。使い慣れた筋肉を鍛え、また同じ筋肉を硬くする習慣が続きます。

では、使い方を変えるにはどうすればいいのでしょうか。**日常生活の中で、ほんの10秒意識することです。**脳から筋肉への指令プログラムはすでにできあがっているため、意識して脳と体に染みついたクセを上書きしていきます。

いい体の使い方は人それぞれです。極端に言えば「正しい使い方」はなく、正解も１つではありません。本書で紹介する合言葉は、あくまで私が４０００人以上の体を見てきた経験から考えた使い方です。まずは本書の合言葉を試してみてください。その上で、**自分の体に合っているものに〝自分で〟気づくことが大切です。**

さぁ、合言葉を使った日常生活のスタートです！お楽しみください！

Ｈｉｒｏｍｉ

Hiromi's History

2014
理学療法士取得
総合病院勤務

2015
患者さんの
リハビリを
お手伝いする日々

2016

2017
訪問リハビリに従事

病院勤務の理学療法士→トレーナーに! 体を喜ばす「クセづけ」で、一生使える体へ

以前は理学療法士として総合病院に勤務していました。体の不調に悩む患者さんと接する中で、自分でできる不調の予防法を知らない人が多いことに衝撃を受けたのを覚えています。

ある患者さんからは、「こんなにちょっとした意識でいいなら、もっと若い頃に知りたかった」という言葉をもらいました。

その後、訪問リハビリに従事し、自宅での生活に困っている姿を目の当たりにして、「医療や介護保険内ではなく、直接、体の使い方を伝えてみ

2018
トレーナー開始

2019
独立

2020
オンラインサロン凛スタート

凛

「一生使える体」をテーマに活動！

2021

2022
凛メンバーが２００名以上に！

2023
４０００名以上を指導！

たい」「ほんの少しの意識でもいいんだよ、と伝えたい」という想いが強くなりました。

トレーナー活動をはじめて驚いたことがあります。それは、多くの人は予防に興味はなく、知りたいのは体型改善だということ。予防は効果がわかりにくいので、伝えるのにも試行錯誤しました。そうして生まれたのが「合言葉」です。

体の使い方が変わって、痛みなどの不調が改善する人、下腹やお尻、背中のたるみが引き締まる人、印象が若返る人などをたくさん見てきました。「意識だけで体って変わるんだ」と喜びのご感想もたくさんいただいています。

体を喜ばす「クセづけ」で、より多くの人に、一生使える体作りが届くことを願っています。

Contents

PART 1 「クセづけ」は10秒の意識チェンジ

PART 2 すべて10秒の「ながら」で叶う「クセづけ」でやせ見え!

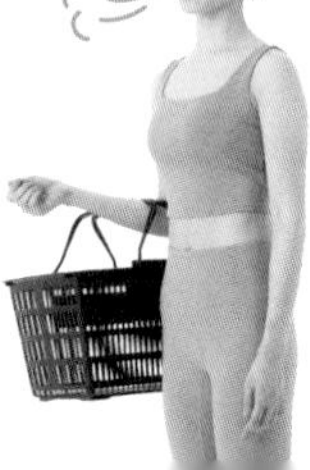

Aikotoba 01

うなじを伸ばす！

Aikotoba 02

着物を脱ぐ！

胸は張らない

Aikotoba 04

親指、小指ガバッ！

Aikotoba 05

口すぼめで吐き切る!

Aikotoba 06

S字の背骨

Aikotoba 07

真ん中よりかかと寄り

Aikotoba 08

お尻ぷりっ!

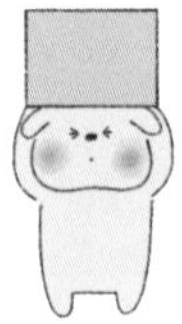

Aikotoba 09

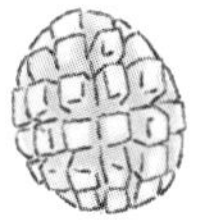

マンゴーむにゅっ

Aikotoba 10

三兄弟は次男を守る!

Aikotoba 11

根元から外旋+小指の肉球!

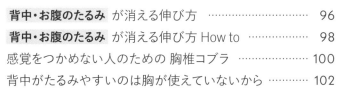

What's 10秒クセづけ

その1

体の使い方をクセづける『合言葉』をインプット!

その2

毎日ちょこちょこ『合言葉』を思い出すだけでOK!

10秒で完了!

『合言葉』は動画を見るだけでもわかる!

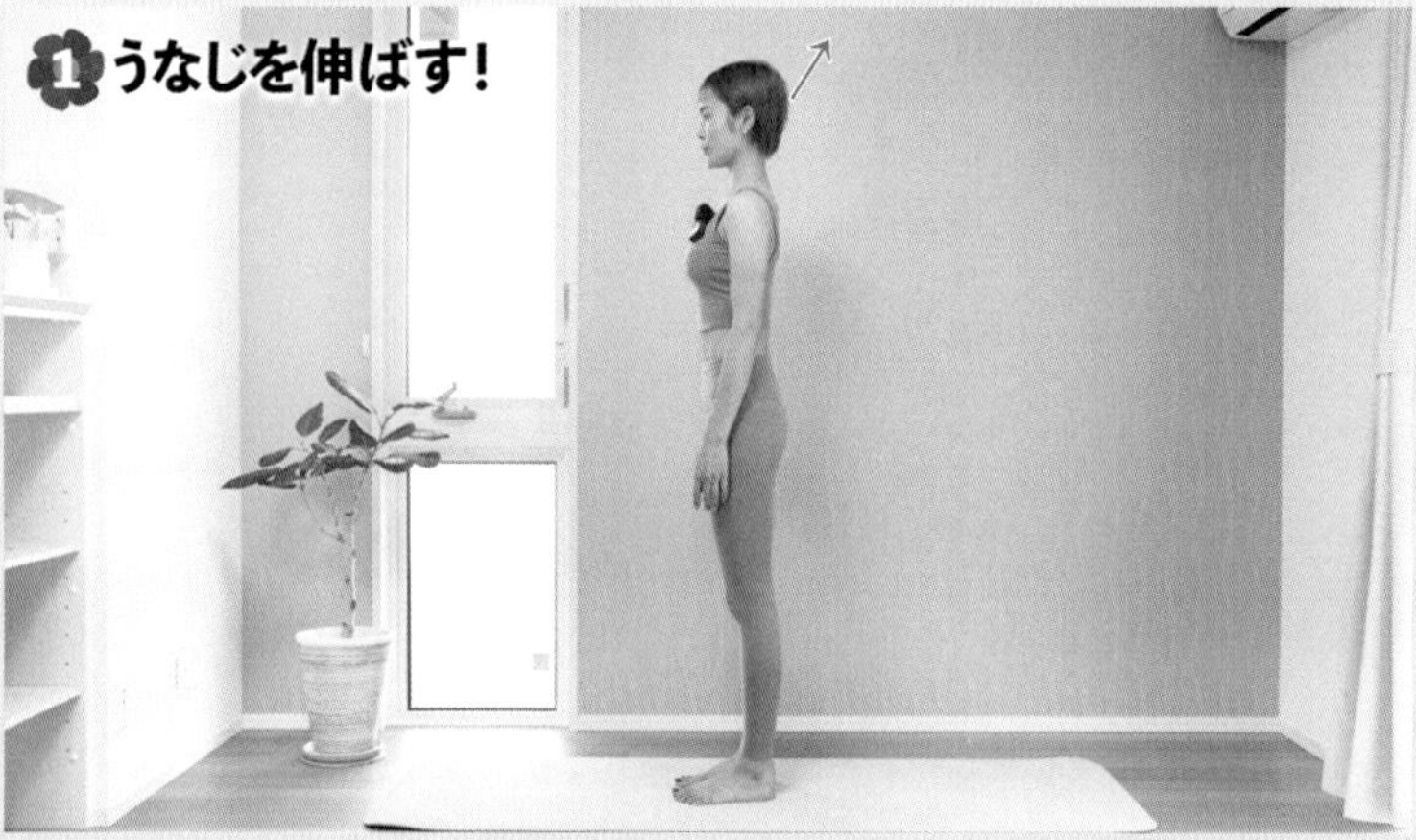

合言葉のHow toページには動画の二次元コードを掲載。Hiromiが合言葉を実演しながらポイントを解説しています。スマートフォンなどで読み込んで、動画を見ながら一緒にやってみましょう。

※動画の再生には別途通信料がかかります。

PART 1

「クセづけ」は10秒の意識チェンジ

多くの人は体の使い方が惜しい上に、崩れた姿勢が知らない間に脳と体にクセづいています。どうして姿勢はどんどん崩れるのか? まずはそのしくみを知りましょう。

POINT 1

似合う服が変わってきたら「体のゆがみ」のサイン

鏡を見て、今まで着ていた服をうまく着こなせなくなったと感じたら黄色信号。自分の体を観察してみましょう。「顔のたるみ」「下腹がポッコリ出ている」「お尻が垂れる」など、ボディラインの崩れが生じていませんか？ **体型崩れを感じる周辺の骨は、ほぼ間違いなくゆがんでいます。骨の位置がゆがむと、本来働くはずの筋肉が働きにくくなるため体型が崩れます。**

例えば、顔がたるんできたと感じたら、肩や首の骨がゆがんでいる可能性大。肩を丸めて、あごを突き出すような姿勢で長時間スマホを見ているかもしれません。本来、首や肩まわりの筋肉は顔の皮膚を引き上げるためのもの。それが反対に引き下げる働きをしてしまい、顔だけでなく、あご下や首まわりもたるみます。

体のゆがみは、日常生活における崩れた姿勢や体の使い方が原因。**ボディラインを整えるなら、まずは日常の体の使い方を見直すことが大切です。**

太ったと思う場所は大体ゆがんでいる

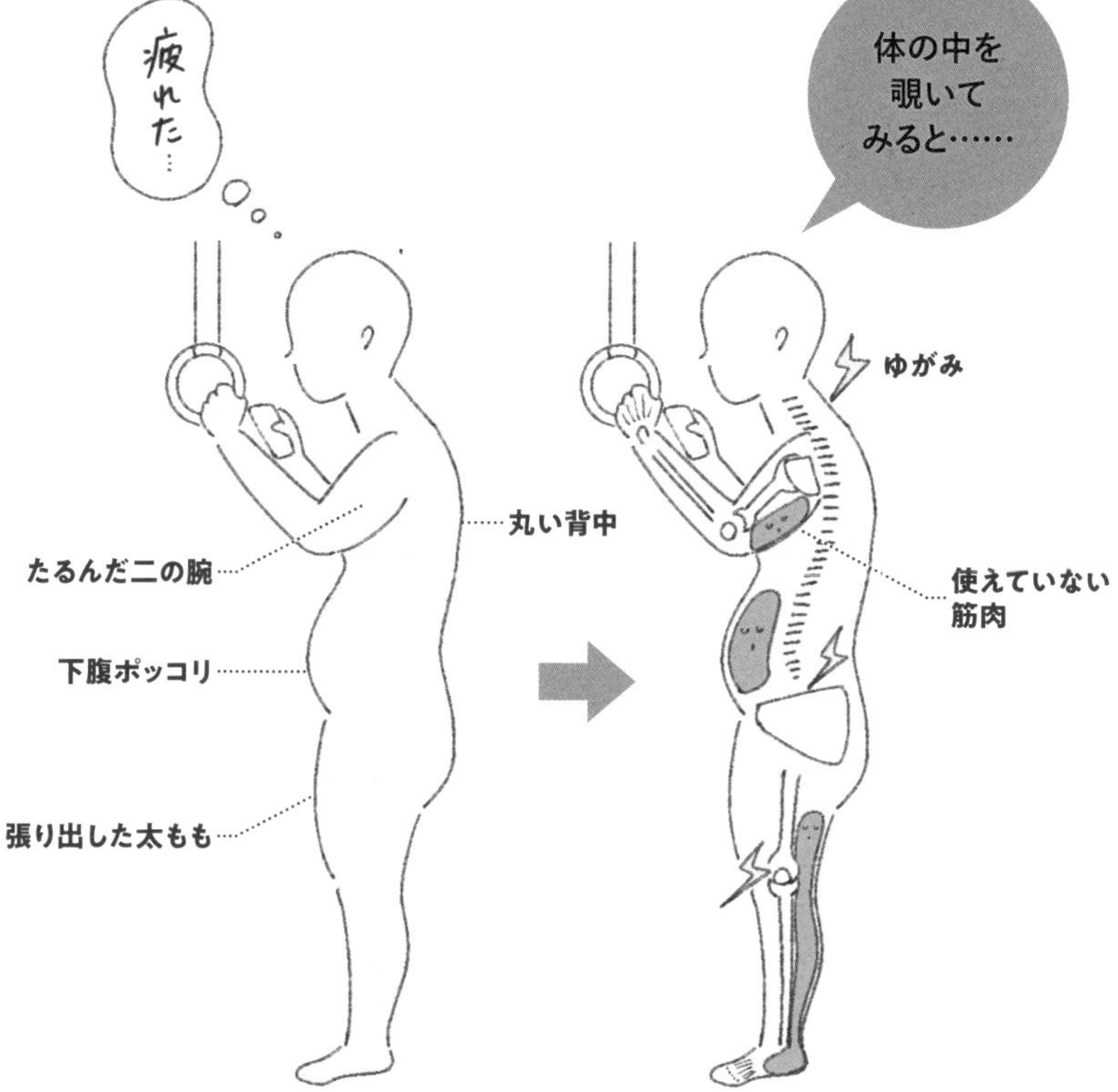

骨の位置が変わると働く筋肉が変わる。姿勢が崩れるとサボる筋肉が増え、そのぶん関節にストレスがかかる。サボっている筋肉の周辺は、脂肪の重さや重力によって皮膚がたるみ、体型崩れの原因に。長期化するとサボることが当たり前になり、関節がずれて見た目の印象も変わり、たるみが定着するという悪循環に。

POINT

2

お腹まわりに自然と力が入る〝クセづけ〟に気づいたもん勝ち！

惜しい体の使い方をしていると太りやすい理由の1つに、「コア」を使えていないことが挙げられます。「コア」は深いところで腰を支える筋肉（インナーマッスル）で、全身の筋肉の働きを助けます。姿勢を保つための中心的存在でもあります。**骨が「いい位置」にハマり、よい姿勢をとれると「自然」とコアに力が入ります。内臓や脂肪が腰に引き寄せられ、ポッコリ出たお腹も収まります。コアを使うことができれば日常の動作でもエネルギーをコツコツ消費できるのです。**

体には腕や脚を動かすときにもコアが自然と働くしくみが備わっています。でも、崩れた姿勢に慣れていると働きにくくなります。

「いい感覚をクセづける合言葉」を日常に散りばめると、脳がインナーマッスルに「この筋肉を使ってね！」という指令を出すのに慣れていきます。

この〝クセづけ〟によって、長期的に理想の体をキープできるのです。

ボディメイクの重役
インナーマッスル

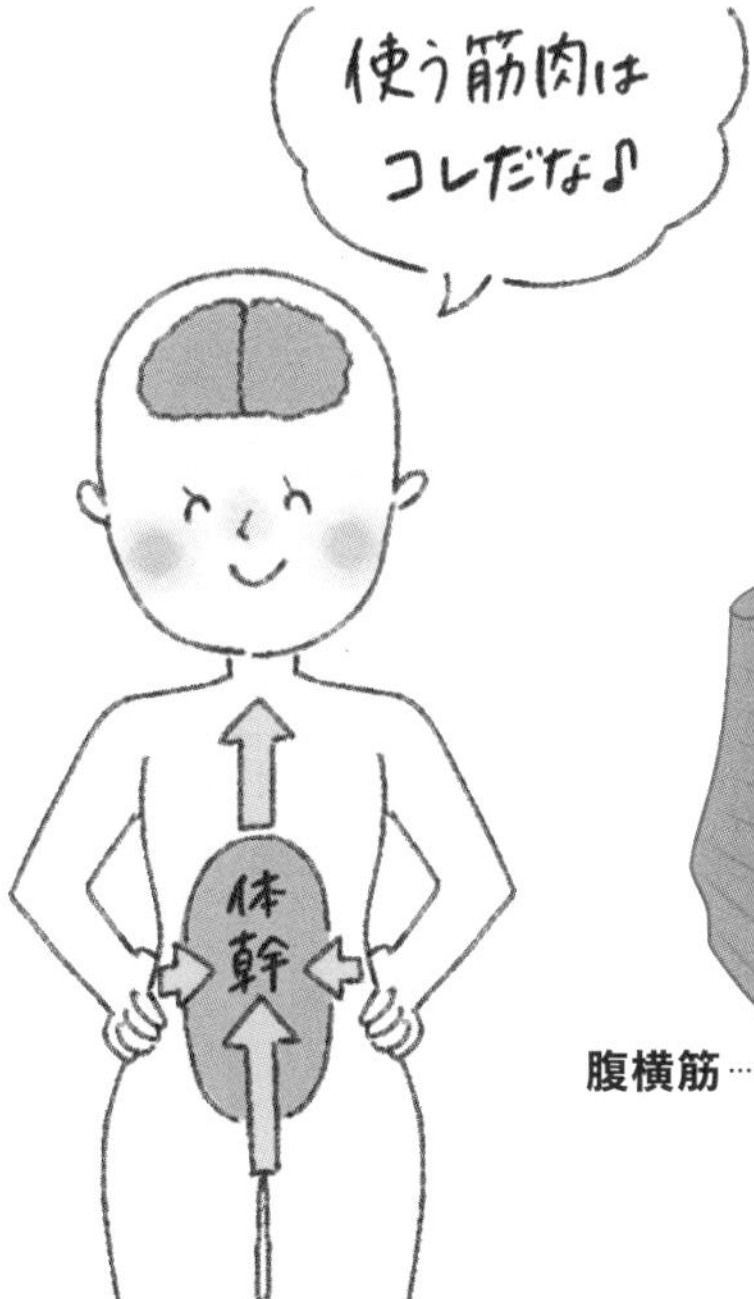

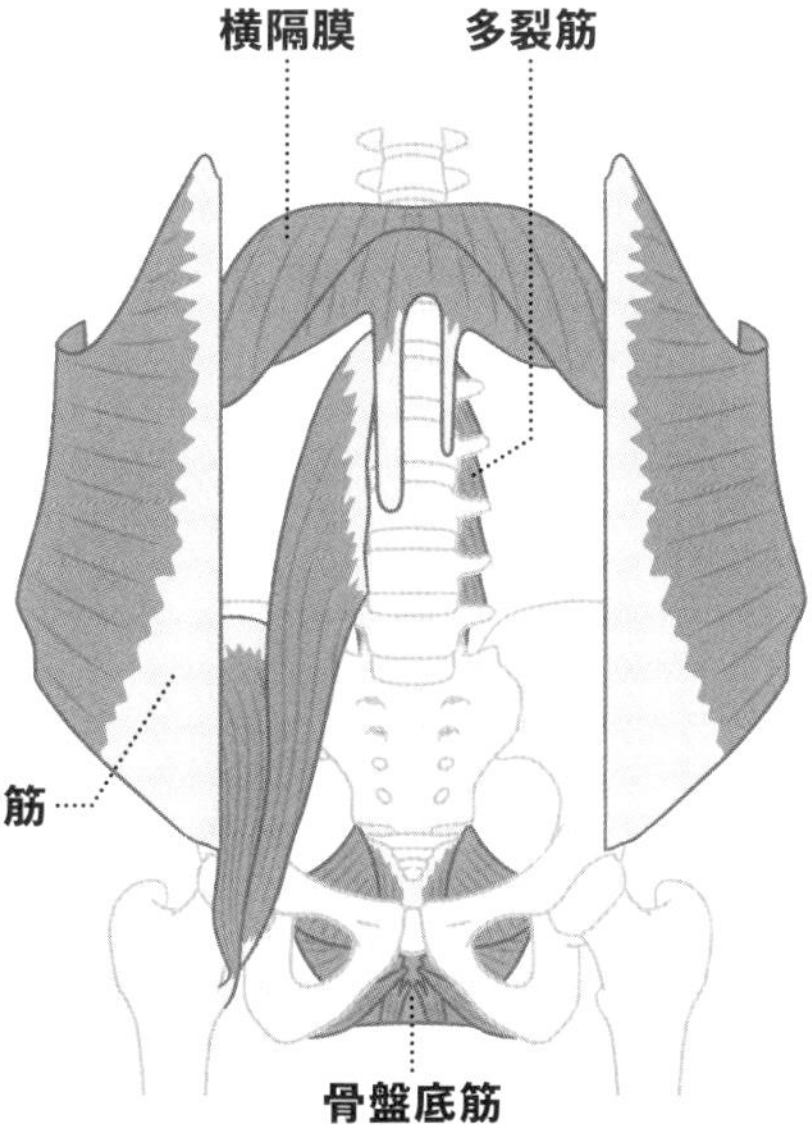

「胸は張らない」(P.44参照)、「口すぼめで吐き切る！」(P.62参照)の合言葉を繰り返すと、コアを使うことができる。繰り返し行って、使う筋肉を脳に覚えさせる。

お腹はコアと呼ばれるインナーマッスル(横隔膜・腹横筋・骨盤底筋・多裂筋)で囲われている。コアを鍛えると、お腹が引き締まるだけでなく、腰痛や産後トラブルの予防にもなる。

POINT

3

感覚をクセづける「合言葉」を1日数回思い返そう

日常の体の使い方を変えるだけで不調が減り、ダイエットにもなるなんて、やらない手はありませんよね。

でも、忙しく過ごす中で体の使い方を意識し続けるのはむずかしく、いざはじめても身につく前にやめてしまうという人をこれまでたくさん見てきました。

そこで、「どうしたら続けられるだろう」と考えてたどり着いたのが、「合言葉」を毎日ちょこちょこ思い出すやり方です。「合言葉」は、体の使い方のポイントを端的に表しています。**思い浮かべるだけなので、簡単にクセづけられます。**キャッチーな言葉なので、覚えやすいのもポイントです。

本書では全部で11種類の「合言葉」を紹介していますが、一度にすべてをやる必要はありません。まずは自分が取り組みやすいものからチャレンジして、徐々に数を増やしていきましょう。

remember

美姿勢が身につく

11の合言葉

こんなところにも効く!?

奇跡のクセづけ劇場

PART 2

すべて10秒の「ながら」で叶う「クセづけ」でやせ見え!

本書は、日常に活かせる11種類の「合言葉」を紹介します。1日1回、生活のすき間に1つ思い出すだけでOK。どんなに忙しい人でも、10秒あればできる簡単なメソッドをお伝えします。

Aikotoba 01

あご下・顔のたるみ ポッコリ下腹 が消える立ち方

remember 美姿勢が身につく 合言葉

うなじを伸ばす！

OK

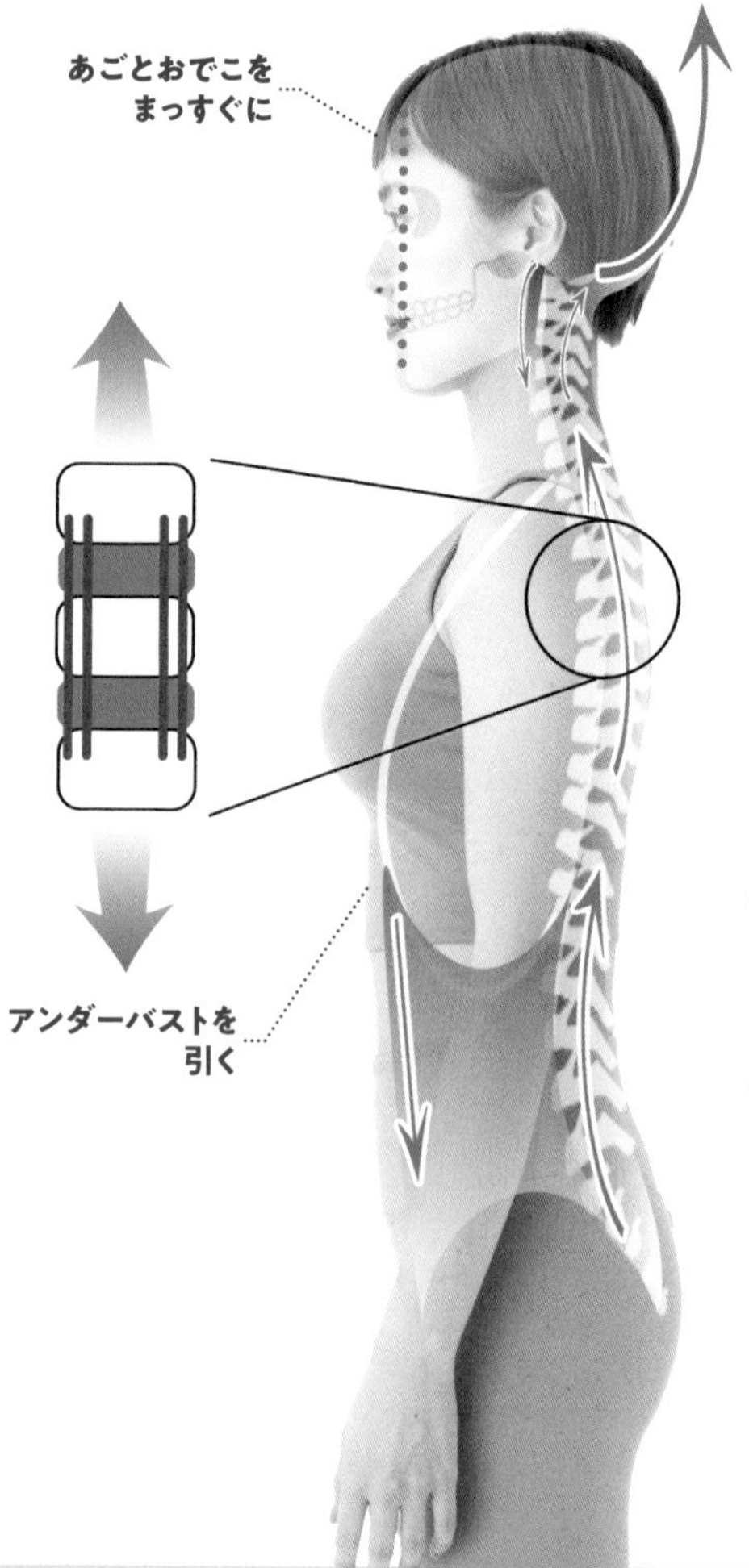

あごとおでこを
まっすぐに
アンダーバストを
引く

身長が1～2㎜アップするイメージ！

フックを斜め上へ引き上げる

背骨は24個の骨が積み木のように積み上がっています。その最上部を、あやつり人形のように上から引っぱります。後頭部に2本指でフックをかけ、頭を斜め上へ引き上げましょう。手で触れると、正しい位置感覚を脳に教えることができます。

×NG

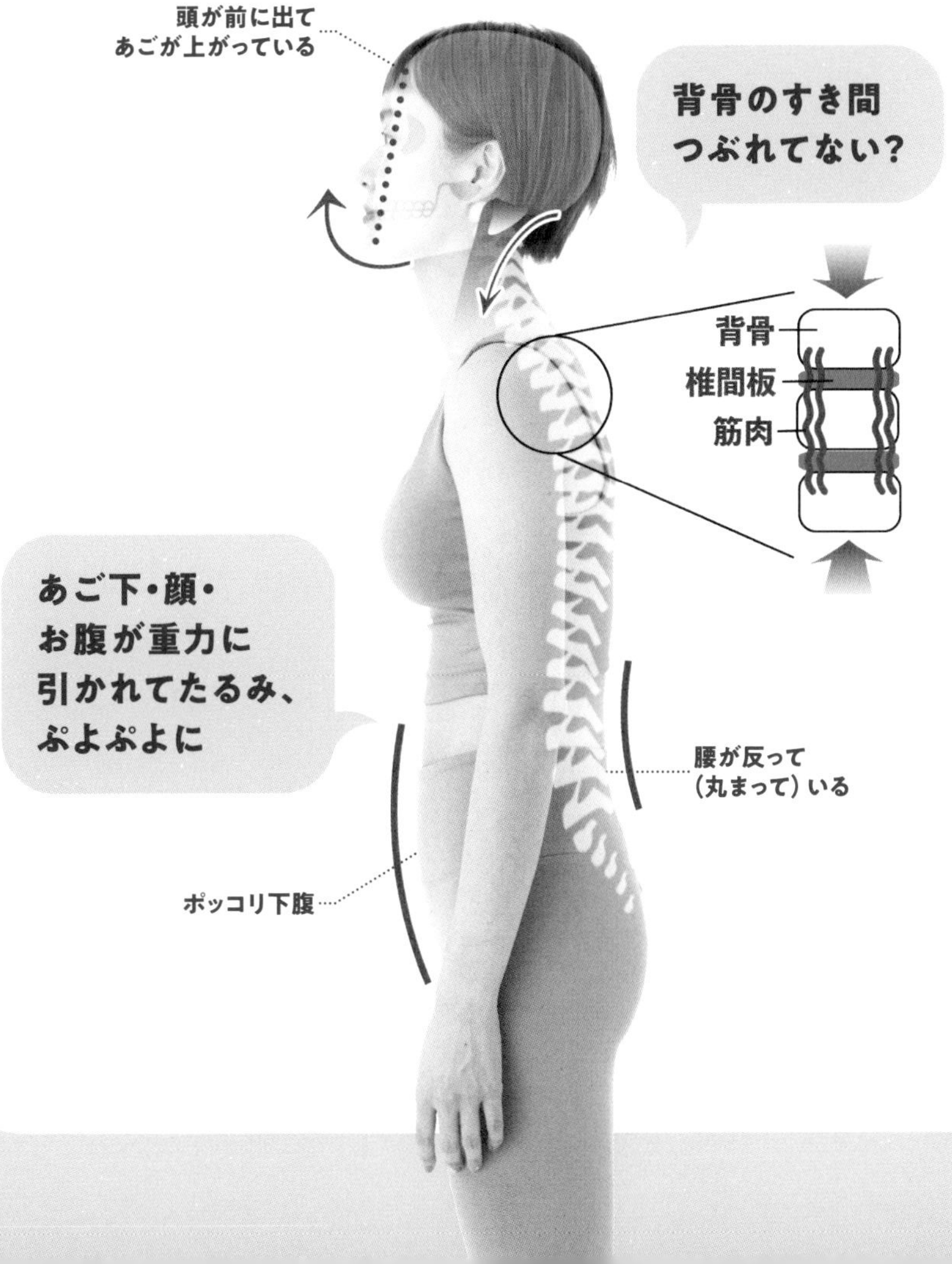
頭が前に出て
あごが上がっている
背骨のすき間
つぶれてない?
背骨
椎間板
筋肉
あご下・顔・
お腹が重力に
引かれてたるみ、
ぷよぷよに
腰が反って
(丸まって)いる
ポッコリ下腹

Aikotoba 01

あご下・顔のたるみ ポッコリ下腹 が消える立ち方

How to

手の形
斜め上へ
引き上げ!
2本指でフックをかけて引き上げる

フックを親指とひと差し指で押さえ、斜め上に引き上げるようにアシストしながらうなじを伸ばす。

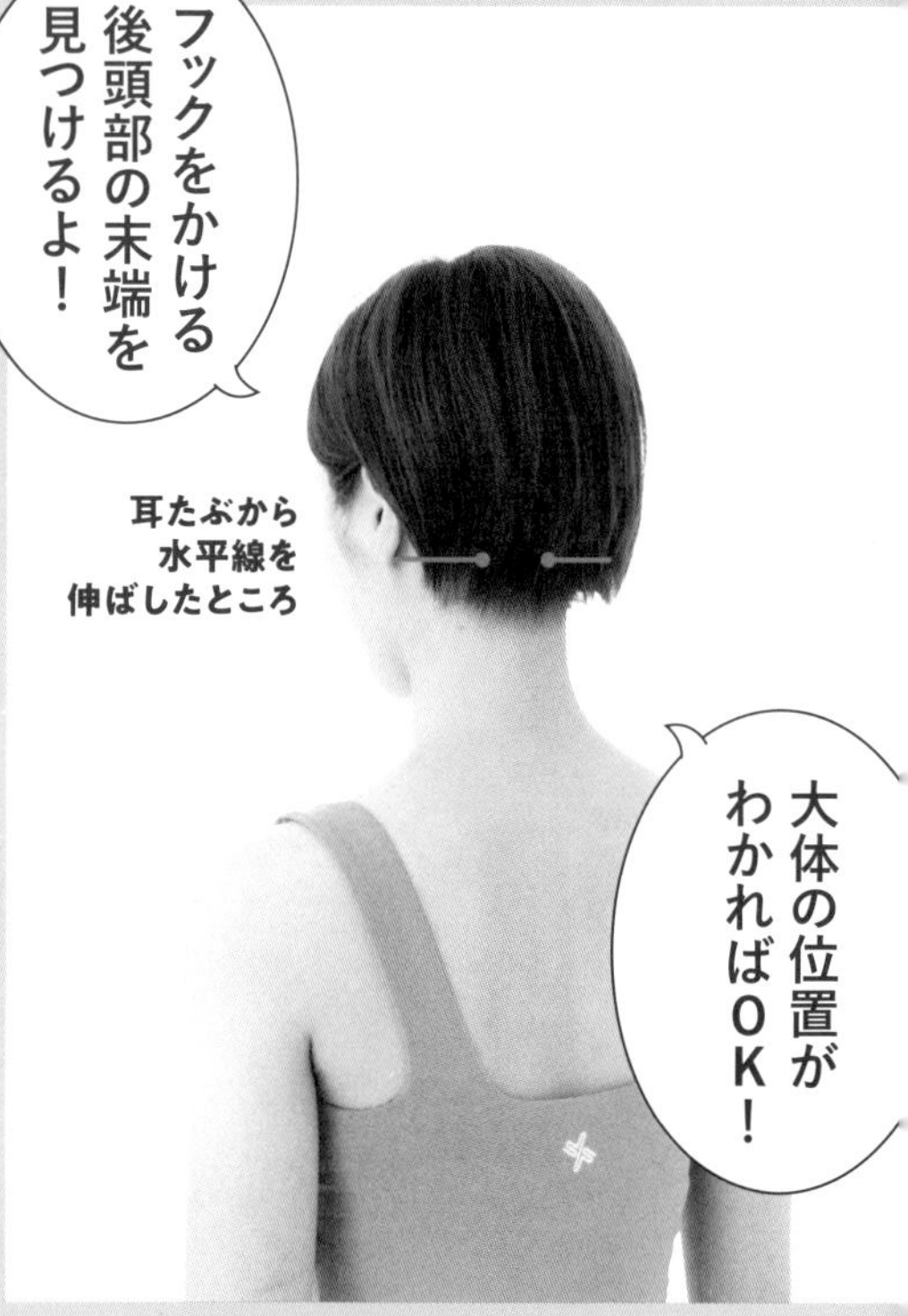

フックをかける後頭部の末端を見つけるよ!
耳たぶから
水平線を
伸ばしたところ
大体の位置がわかればOK!

耳たぶから水平に頭の後ろをたどり、頭蓋骨の最下部を見つける。

☒NG

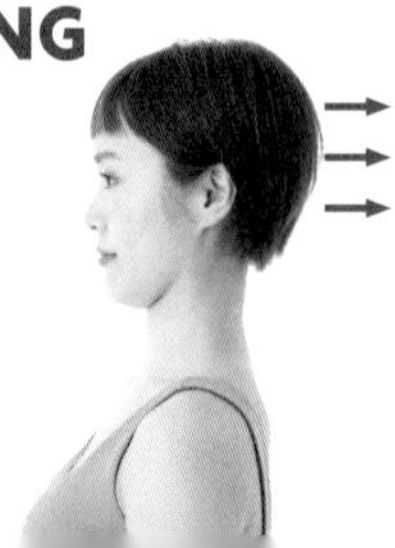

二重あごと真後ろ引きは注意!

頭を真後ろに引くと、胸が張り、あごも上がり、逆に窮屈な姿勢に。二重あごができるほど頭を引くのもNG。1～2mm、力をゆるめてみて。あごとおでこに手を当てて垂直かどうかを鏡で見てチェック!

動画でCHECK

remember

美姿勢が身につく

合言葉

うなじを伸ばす!

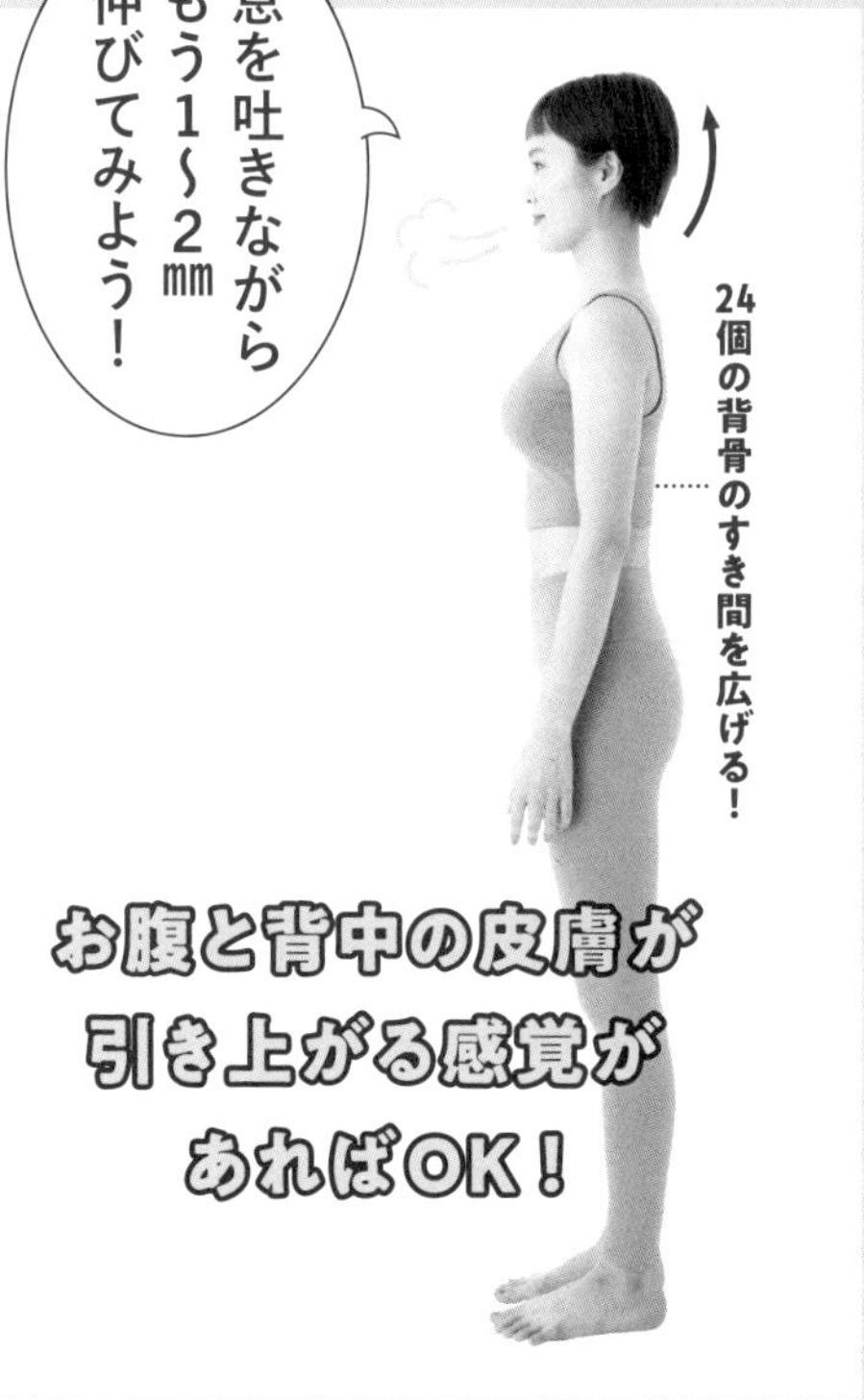
息を吐きながら
もう1~2㎜
伸びてみよう!
24個の背骨のすき間を広げる!
お腹と背中の皮膚が
引き上がる感覚が
あればOK!

うなじを伸ばしたまま手を離し、鼻から息を吸い、吐く息でさらにうなじを伸ばす。

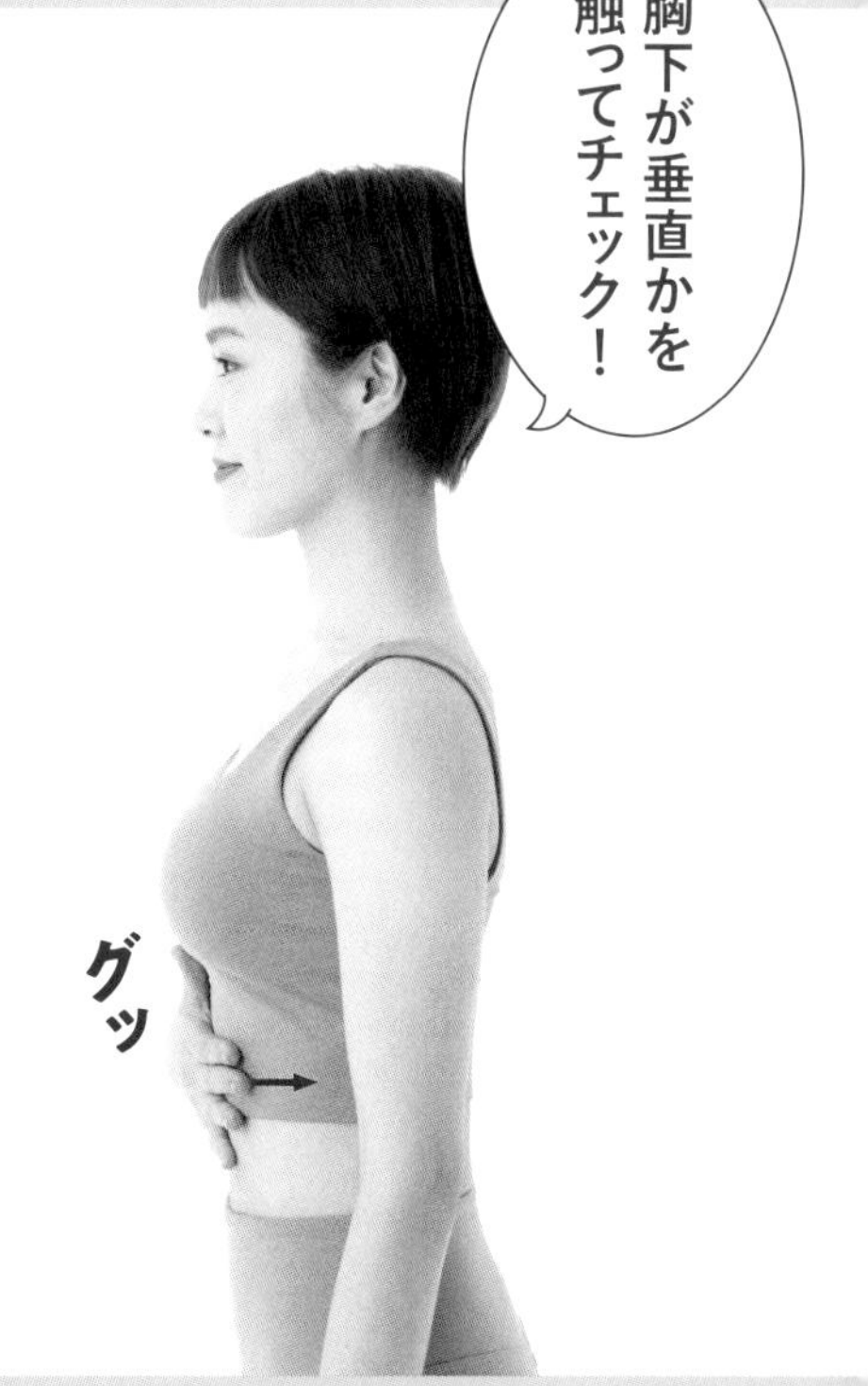
胸下が垂直かを
触ってチェック!
グッ

胸を張らないように手で胸の下に触れ、肋骨の下側を後ろへ1〜2cm引く。あばらを立てると"自然と"お腹に力が入る。

普段あごが上がっている人は、うなじがうまく伸びると目がぱっちり開く感覚を得られます

感覚をつかめない人のための

頭引き筋トレ

Step 1

仰向けになり頭で床を押す。後頭下部から斜め上に向けて、矢印の向きをイメージしながら床を押す。鼻から息を吸って準備。息を吐きながら10秒間、頭を引いてキープ。3回行う。息が続かなくても深呼吸を繰り返せばOK。

10秒キープ×3セット

あご・おでこは水平

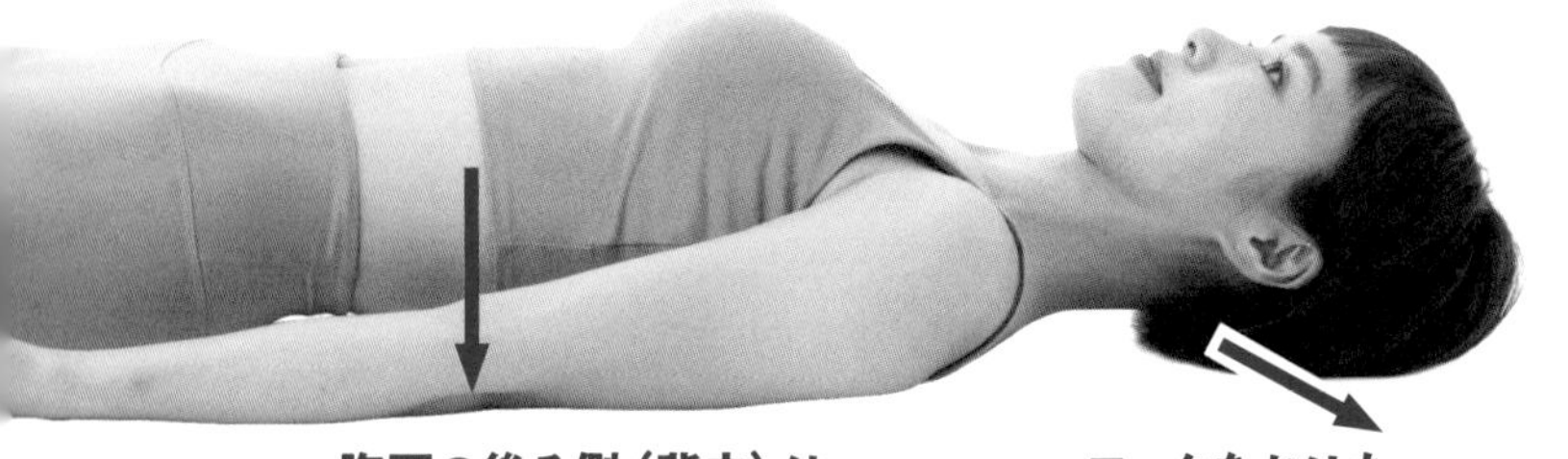

胸下の後ろ側（背中）は
床に向かって引いておく

フックをかけた
後頭下部を斜め上へ

ココを伸ばす!

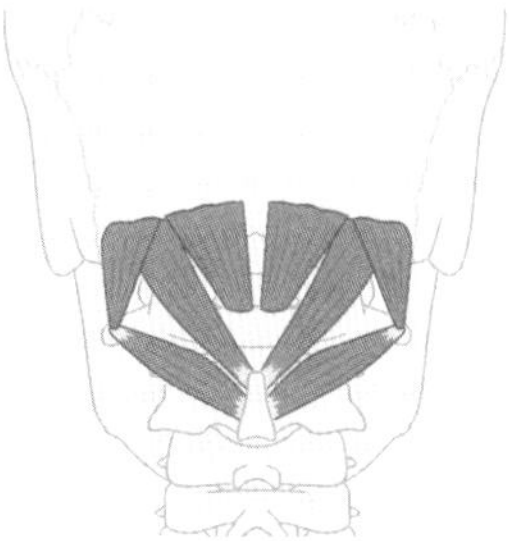

後頭下筋群を縮めるクセをリセット!

うなじを伸ばして立てない人は、鎖骨周辺から耳の後ろに伸びる胸《きょう》鎖《さ》乳突筋《にゅうとつきん》や、後頭部から首の付け根に伸びる後頭《こうとう》下《か》筋群《きんぐん》が縮んでいるのかも。頭引き筋トレは、この2つの筋肉を伸ばしながら、頭を引く「筋持久力」を鍛えます。

あごが上がったり、胸を張るのはNG！ 寝る前に枕なしで行うのがベストです。感覚をつかんだら、座り・立ち姿勢でやってみましょう

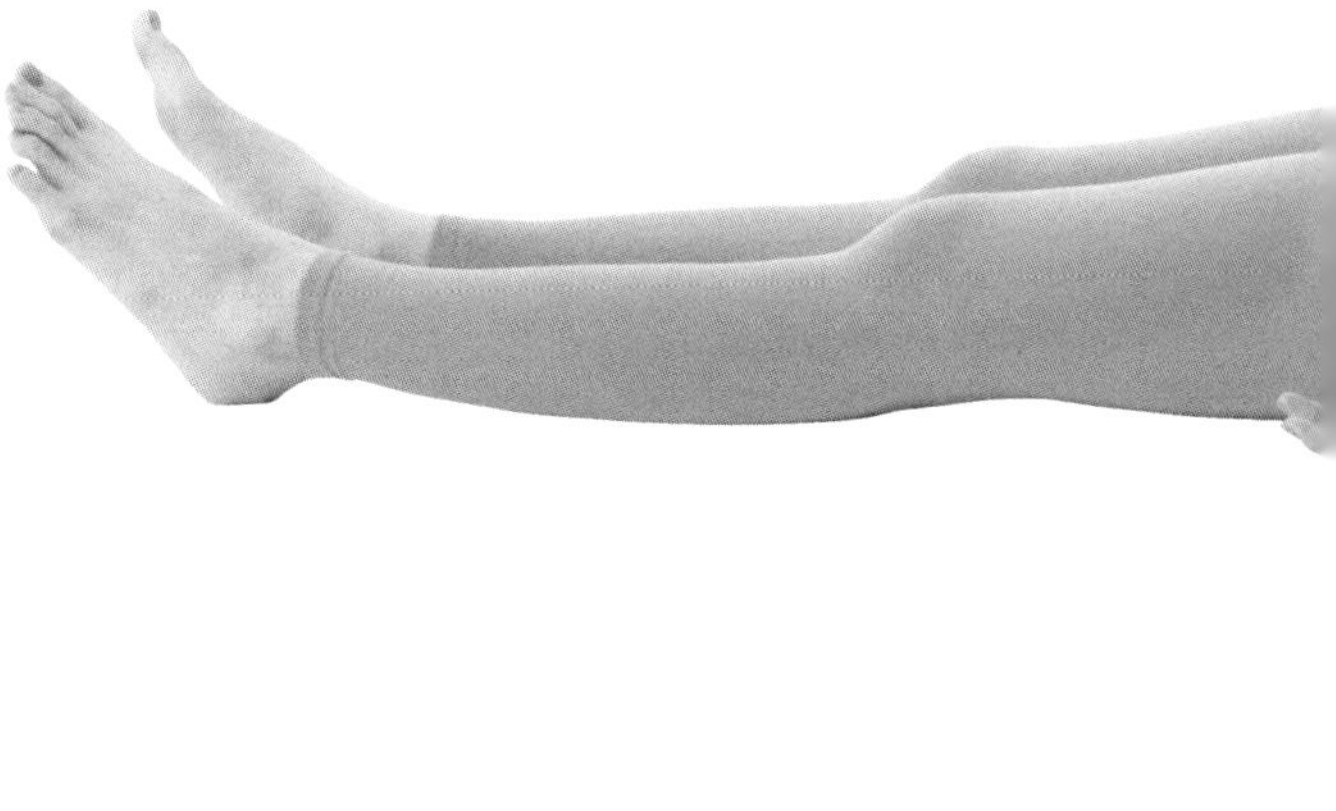

Aikotoba 01

うなじを伸ばす！

頭を引くには腹筋が必要 重力に負けないで！

合言葉をリマインド！

ー電車を使うとき

「あご下の肉や顔のたるみが気になる」「以前よりも下腹が出てきて寸胴体型になってきた」「首や肩のコリがほぐれない」などの悩みがある人は、日常の立ち姿勢に原因があるかもしれません。人は無意識に立っていると、重力によって押しつけられ、首が縮んでしまいます。

　電車の中や信号待ちのときなど、日常生活の中で合言葉を思い出して、腰の付け根からうなじを伸ばすクセづけをしていきましょう。

合言葉をリマインド！

信号待ちのとき

後頭部のフックを
持ち上げる！

うなじを伸ばすと背筋に力が入るため、胸が張り、あごが上がります。そのままの姿勢を続けると腰を痛めます。**胸を張らずに伸びることで、腹筋と背筋にバランスよく力が入ります。頭を引くためには腹筋も必要なのです。**

よくある惜しい例は、「腹筋を意識的に固めている」姿勢。胸を張らない、つまり骨の位置を変えるだけで、〝自然と〟腹筋にスイッチが入ります。その位置を楽しく探してみましょう。**うまくできると、あご下の皮膚やたるんだ脂肪たちを重力に逆らって引き上げる張力が生まれ、あご下・顔・お腹の変化が期待できます。**

首・肩コリのある人は、いつも頭が前にある姿勢で、頭を引く持久力が衰えている可能性があります。「頭引き筋トレ」で鍛えてみましょう。

Aikotoba 02

振袖肉／脇・背中のハミ肉 が消えるあいさつ

OK

remember

美姿勢が身につく

合言葉

着物を脱ぐ！

鎖骨を後ろ回しするイメージ！

鎖骨をバイクの
ハンドルとイメージして
後ろへ回す
肩甲骨をお尻まで
引き下げるように
胸は張らない

肩甲骨をV字に引き下げる

腕の付け根から脇下を通り、脇の後ろ、お尻の真ん中までつながる「広背筋《こうはいきん》」という筋肉を使います。着物を両肩だけで脱ぐイメージで、腕の付け根は後ろへ引いたまま右図を参考にV字に引き下げましょう。

✕NG

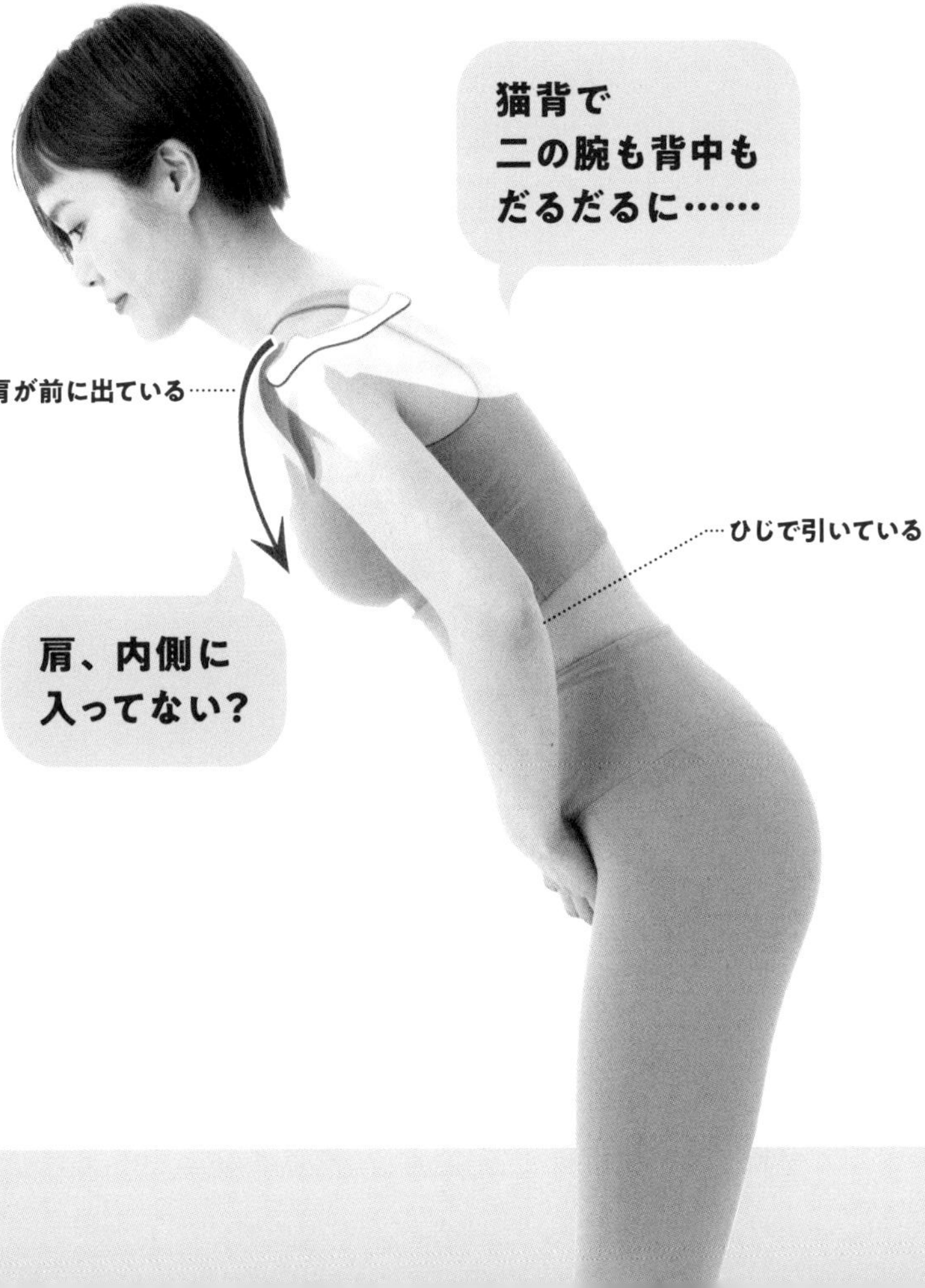
猫背で
二の腕も背中も
だるだるに……
肩が前に出ている
ひじで引いている
肩、内側に
入ってない？

Aikotoba 02

振袖肉 / 脇・背中のハミ肉 が消えるあいさつ

How to

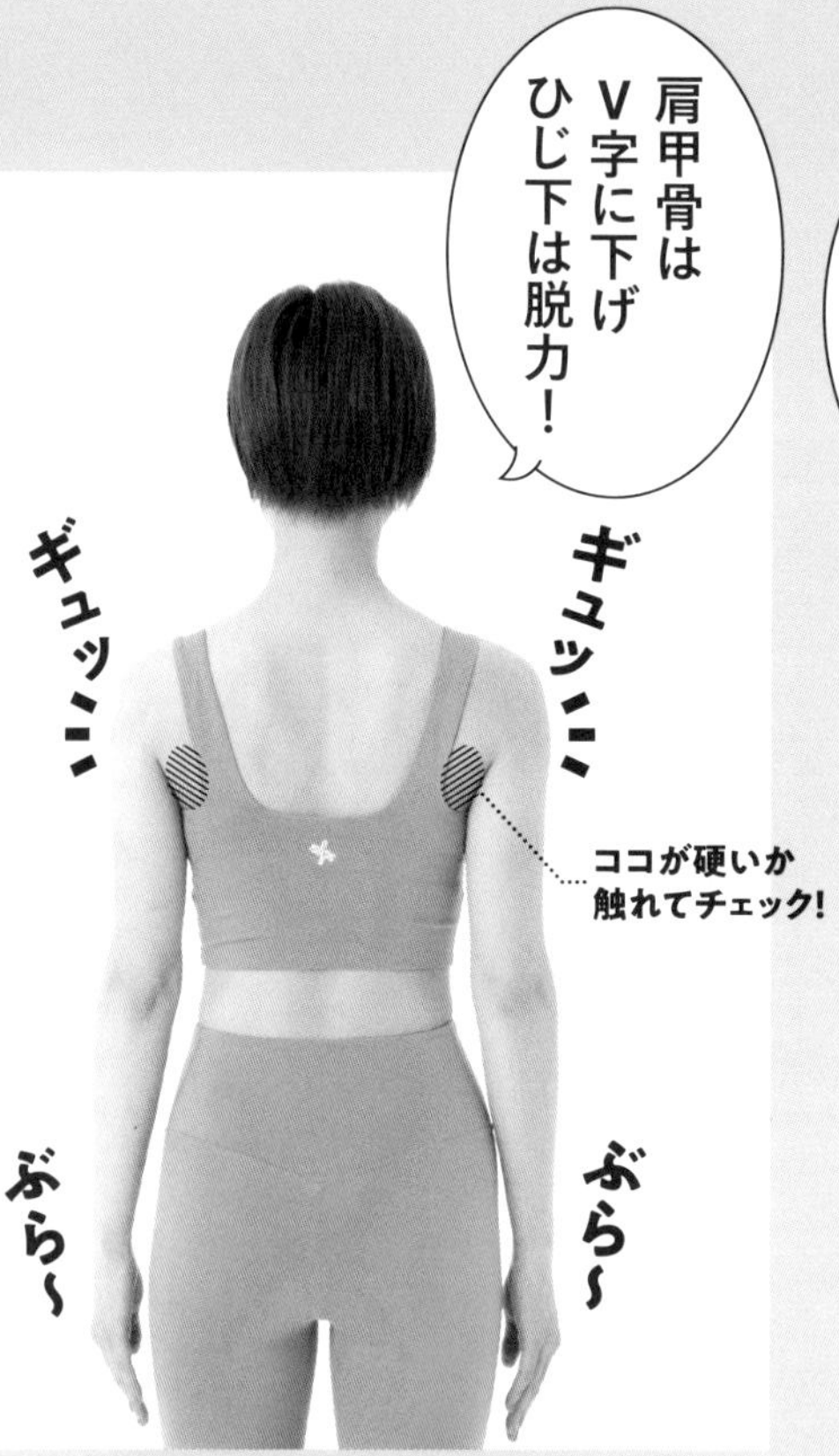

肩甲骨は
V字に下げ
ひじ下は脱力!
ギュッ
ギュッ
ココが硬いか
触れてチェック!
ぶら〜
ぶら〜

脇後ろに力を軽く入れたまま「腕の付け根」を外側へ回す。ひじのシワは真後ろ、手のひらは内側に向け、ひじから下は脱力する。ひじで引く、ひじを寄せるのはNG。

着物を脱いで
床を手で押す
ヒゲダンス
やるよ!
着物を脱ぐ
プッシュ!
小指側で
プッシュ!

両肩だけで着物を脱ぐように肩を外に回し、手首を90度に曲げて真下にプッシュする。特に小指側で押すと脇の後ろに力が入る。

動画でCHECK

remember

美姿勢が身につく

合言葉

着物を脱ぐ！

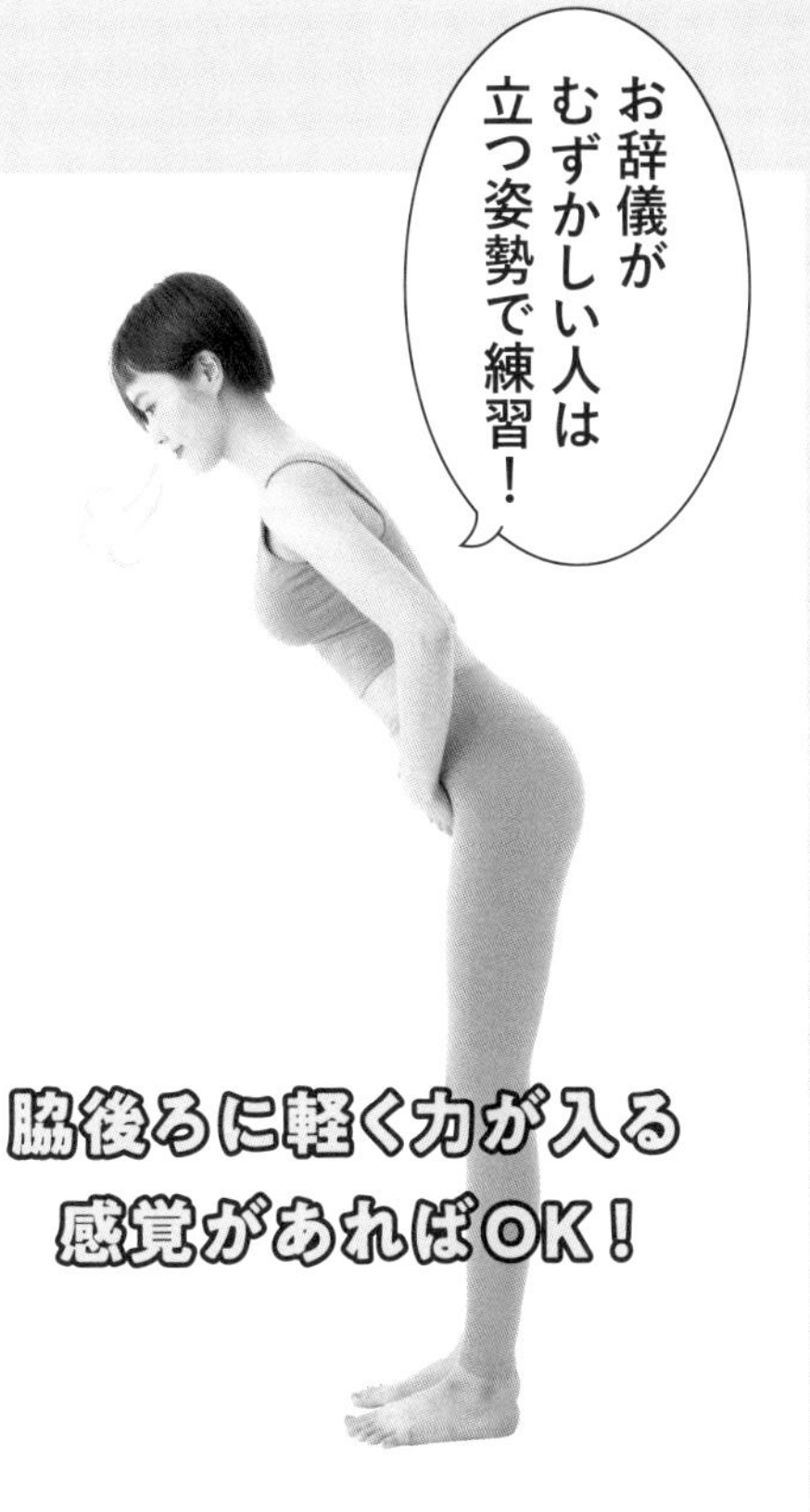
お辞儀が
むずかしい人は
立つ姿勢で練習！
脇後ろに軽く力が入る
感覚があればOK！

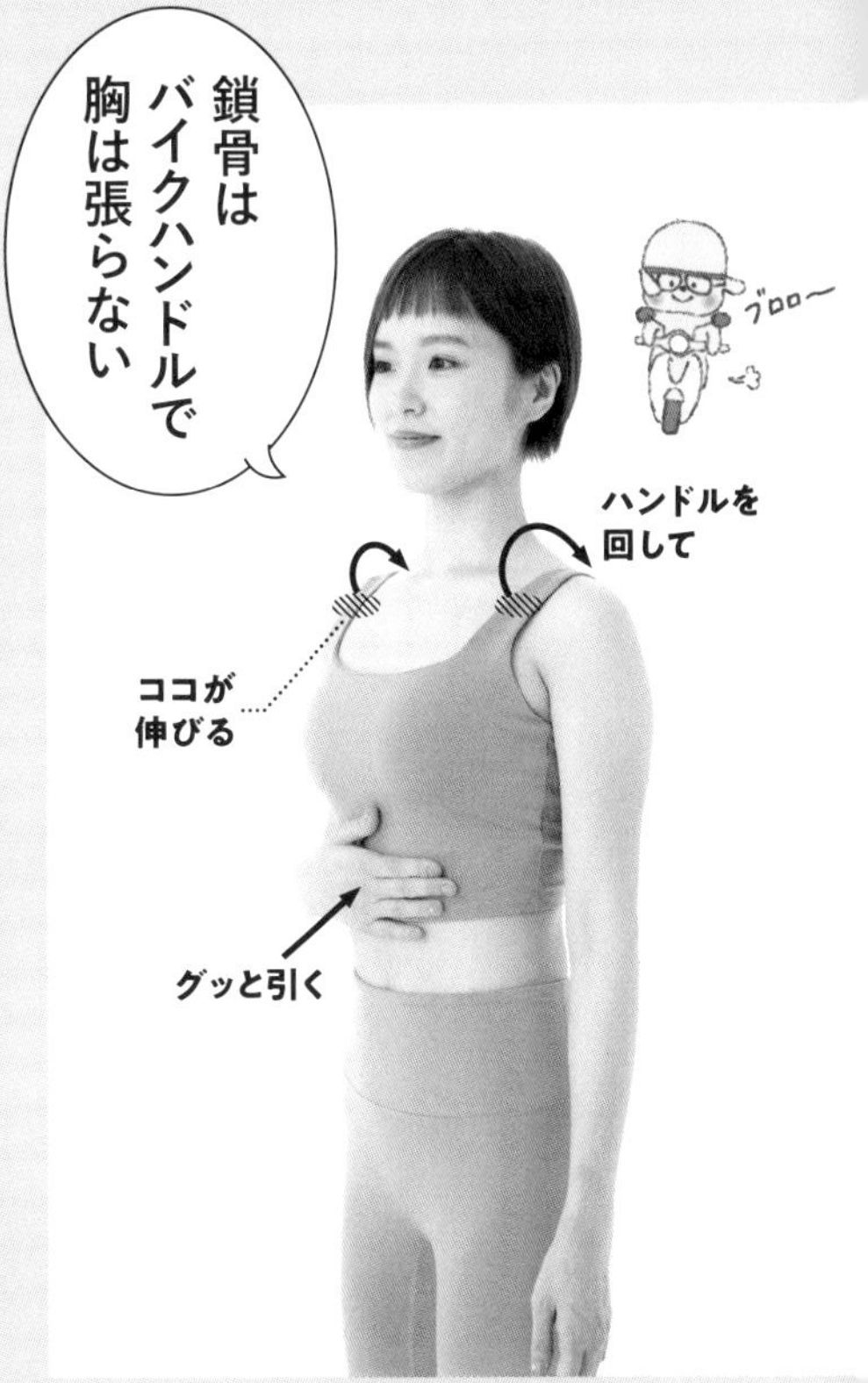
鎖骨は
バイクハンドルで
胸は張らない
ブロロ〜
ハンドルを
回して
ココが
伸びる
グッと引く

背筋を伸ばしたまま30度お辞儀をする。そのまま一度深呼吸して元に戻る。肩が前に出てきたら、ヒゲダンスでリセットしよう。

鎖骨をバイクハンドルと思って後ろに回す。胸を張らないように胸下を後ろへ1〜2cm引く。鎖骨下の伸びを感じられるとOK。

「うなじを伸ばす！」(P.26参照)**とセットで行うと効果アップ！ 肩コリ、腰痛も改善されます**

感覚をつかめない人のための

手術します

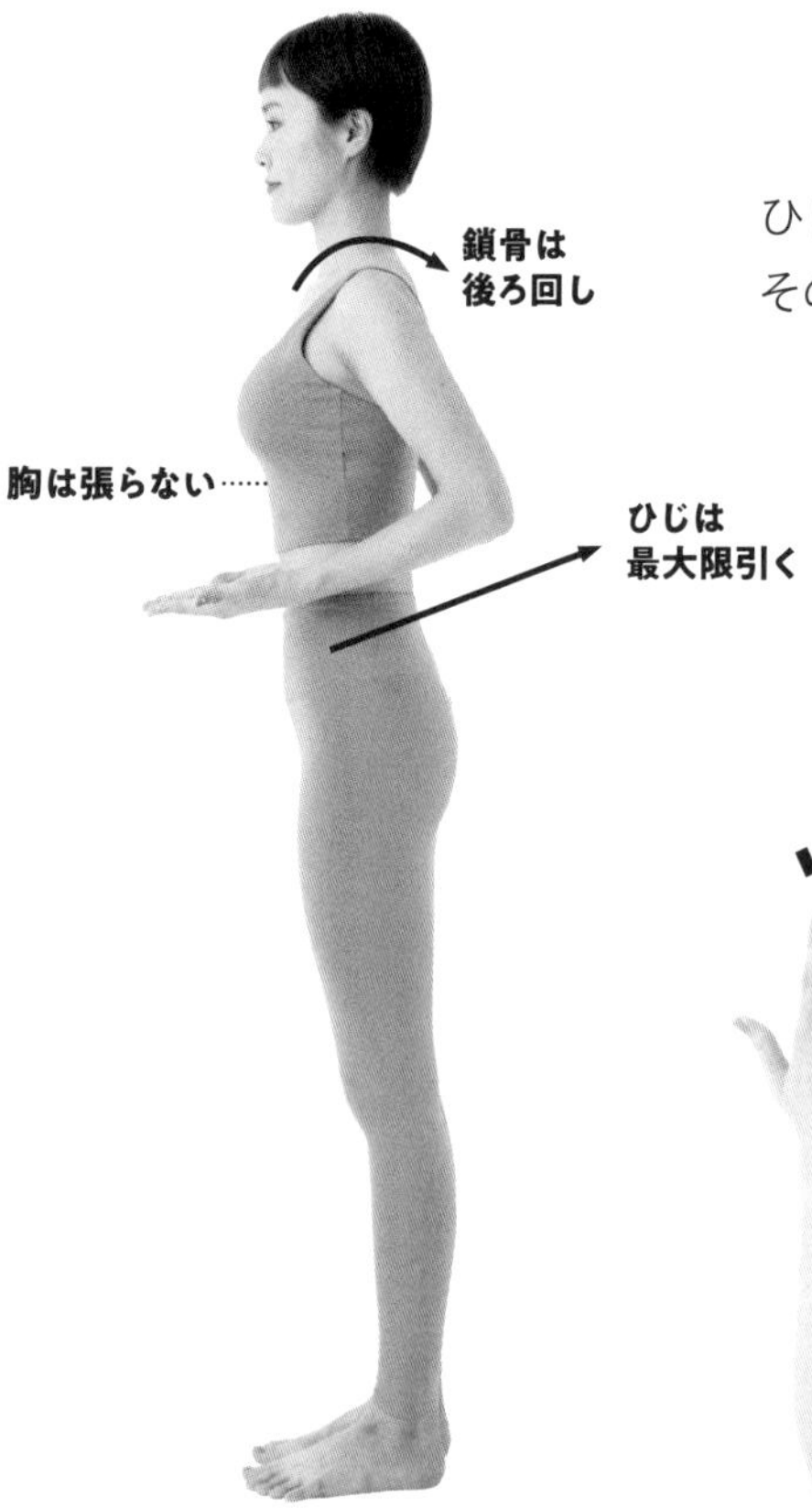
鎖骨は
後ろ回し
胸は張らない……
ひじは
最大限引く

Step 1

ひじを曲げて両手を前へ出し、
そのままひじを真後ろに引く。

手術します！

ココを伸ばす!

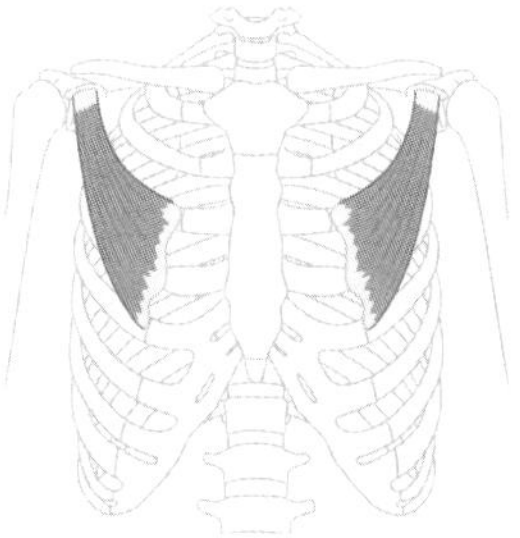

小胸筋を縮めるクセをリセット!

巻き肩で肩が内側に入っている人は、胸の前にある小胸筋がつねに縮んだ状態に。「手術します」の動作で肩を外旋し（外側にねじる）、胸を張らないことで小胸筋が伸びます。脇後ろや背中の筋トレ要素も含んでいて、一石二鳥!

Step 2

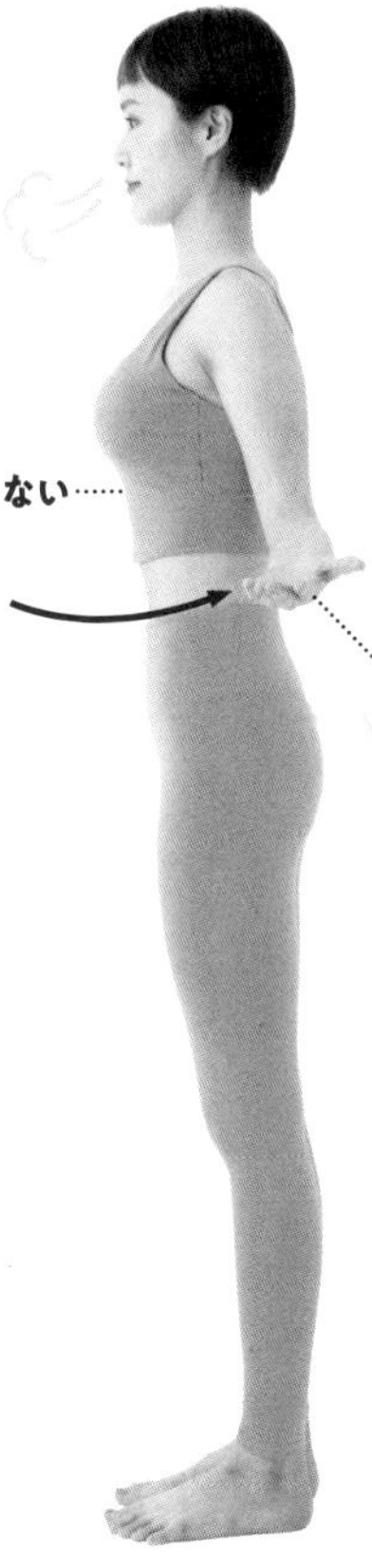
胸は張らない
手のひらを体の真横へ

ひじを寄せて肩甲骨をV字に引き下げながら、手のひらを外へ回す。息を吸い、ゆっくり吐きながら10秒キープし、元に戻る。息が続かなくても深呼吸を繰り返せばOK。

10秒キープ

肩甲骨をV字に引く筋トレ!

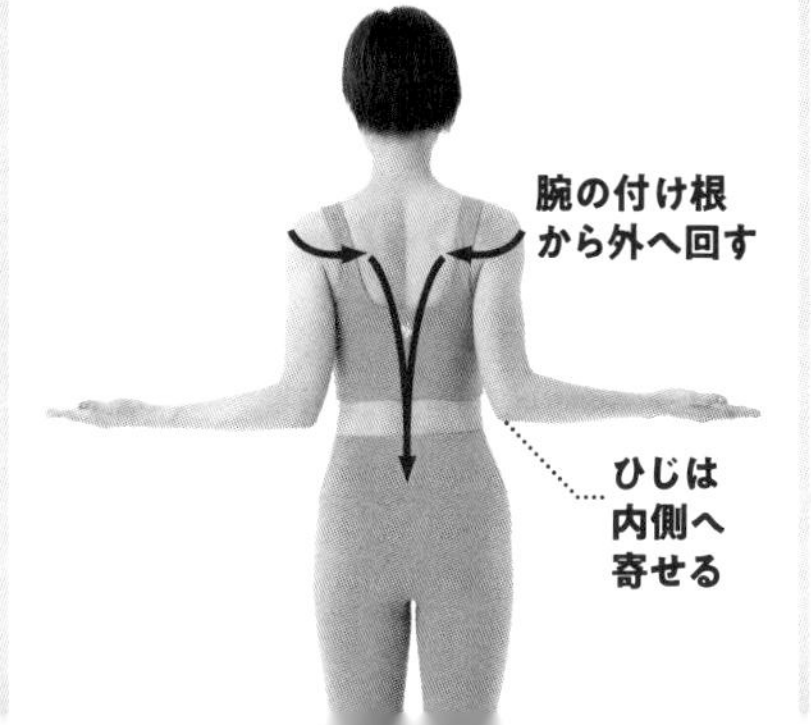
腕の付け根から外へ回す
ひじは内側へ寄せる

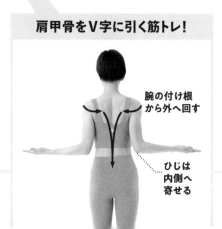

感覚をつかめない人のための

お辞儀ツイスト

Step 1

壁からこぶし2つぶん離れて立ち、壁側の手を斜め45度後ろに上げて小指を壁につける。お尻を軽く引いて30度ほどお辞儀する。

ひじは壁から離れてもOK

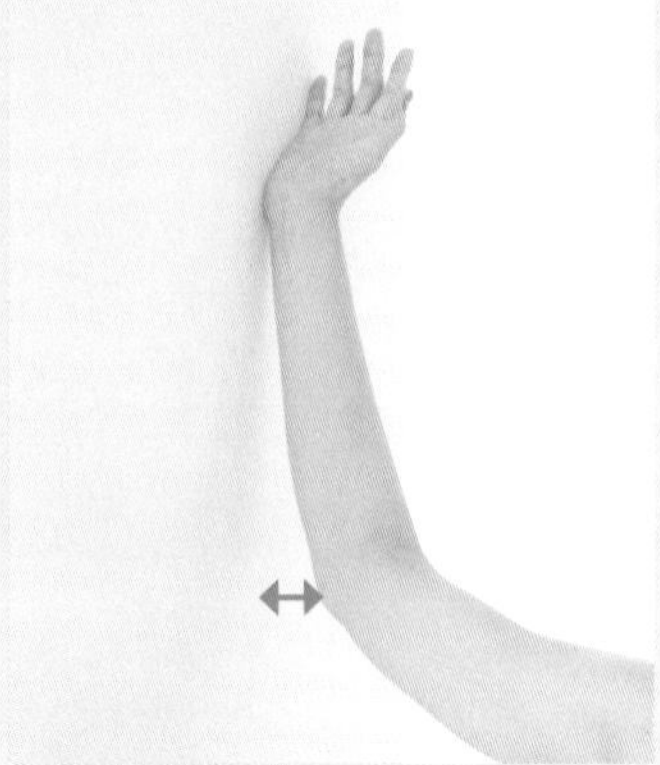

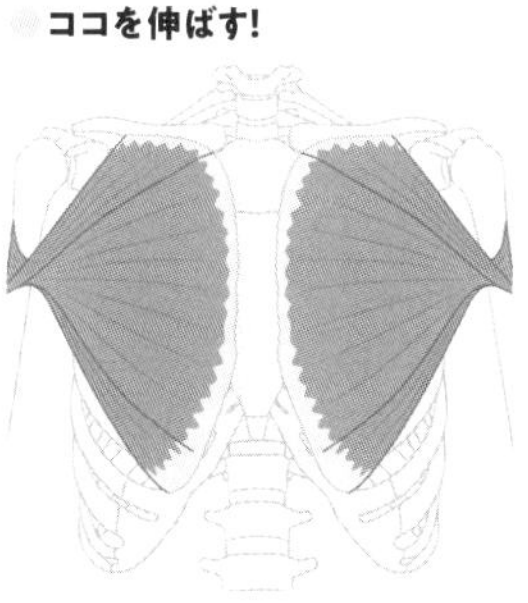
ココを伸ばす!

大胸筋を
縮めるクセをリセット!

着物を脱ぐのがむずかしい人は大胸筋《だいきょうきん》が縮んでいるのかも。巻き肩や猫背だと縮みます。大胸筋は腕の付け根を内側へ回す働きがあります。お辞儀ツイストで腕の付け根を外側へ回すことで効果的に伸びます。

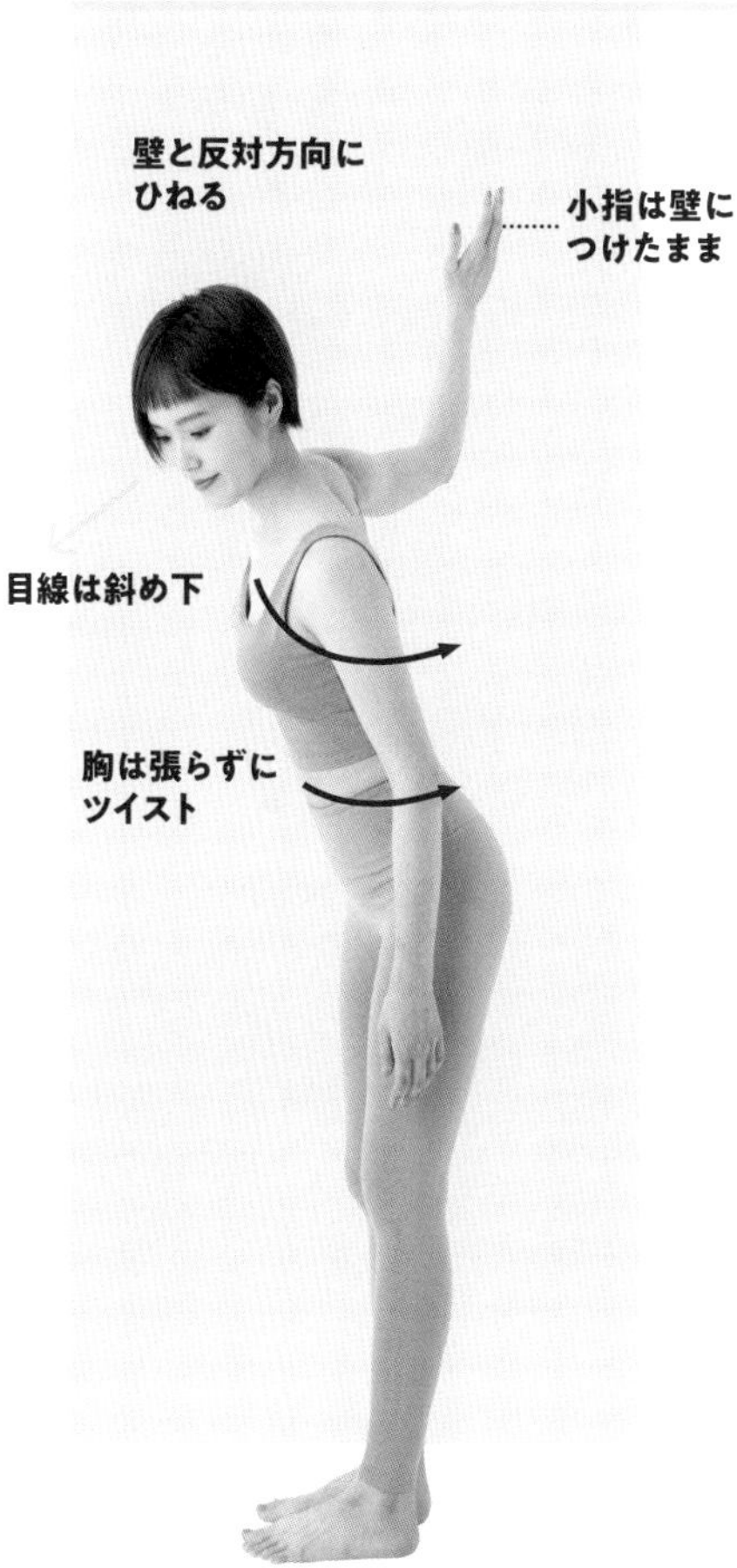
壁と反対方向に
ひねる
小指は壁に
つけたまま
目線は斜め下
胸は張らずに
ツイスト

Step 2

お辞儀したまま壁と反対方向に体をひねり、深呼吸をしながら10〜30秒キープし、元に戻る。

10~30秒キープ

Aikotoba 02

着物を脱ぐ!

たるむかどうかは肩まわりの使い方次第

合言葉をリマインド!
— 料理するとき

「二の腕のたぷたぷ」「脇や背中のハミ肉」「肩甲骨の埋もれ」が気になる人は、日常の肩の使い方が惜しいかも。肩は手作業で前に出やすく、整えなければ慢性的にずれた状態になります。

スマホを見るときやパソコンなどのデスクワーク、料理をしているときなどは、特に肩が内側に入りやすいので「着物を脱ぎ」ましょう。

普段から肩を意識している人でも見落としがちなのが、胸の張りや、ひじで肩を引いた姿勢。

合言葉をリマインド! 朝、家を出るとき

今日も一日頑張るぞ!!
シャキーン!!
…

着物を脱ぐ動作は背筋に力が入り胸を張ってしまいますが、胸下を引くことで腹筋にも力が入ります。ひじで引かずに、鎖骨を後ろに回転させて二の腕を垂直に垂らします。大事なのは腕の付け根です。

また、**力みすぎも要注意です。はじめは脳の指令がうまく届きません。力みに気づいたら「1～2㎜ゆるめること」を繰り返してクセづけましょう。**

巻き肩や猫背、背中のぜい肉が気になる人は、胸側の筋肉が硬いだけでなく、肩甲骨を背中側に引く筋力も弱いです。腕を付け根から外へ回すことで、肩外旋筋（肩を外に回す筋肉）とつながる上腕三頭筋《じょうわんさんとうきん》にもスイッチが入りやすくなります。二の腕シェイプアップにも期待大!

Aikotoba 03

ポッコリ下腹が消える洗濯物干し

◎OK

remember

美姿勢が身につく

合言葉

胸は張らない

肋骨下は垂直
腹筋に自然とほんのり力が入る

アンダーバストの背中側を後ろへ引くイメージ!

胸を張らず、あばらを立てる

右図のようにあばら骨を楕円形として真横から見たときに、前回転させるイメージで立てます。すると、腹筋の奥深くにほんのり力が入ります。胸を張ると楕円が後ろへ傾き、腹筋が働きにくくなります。

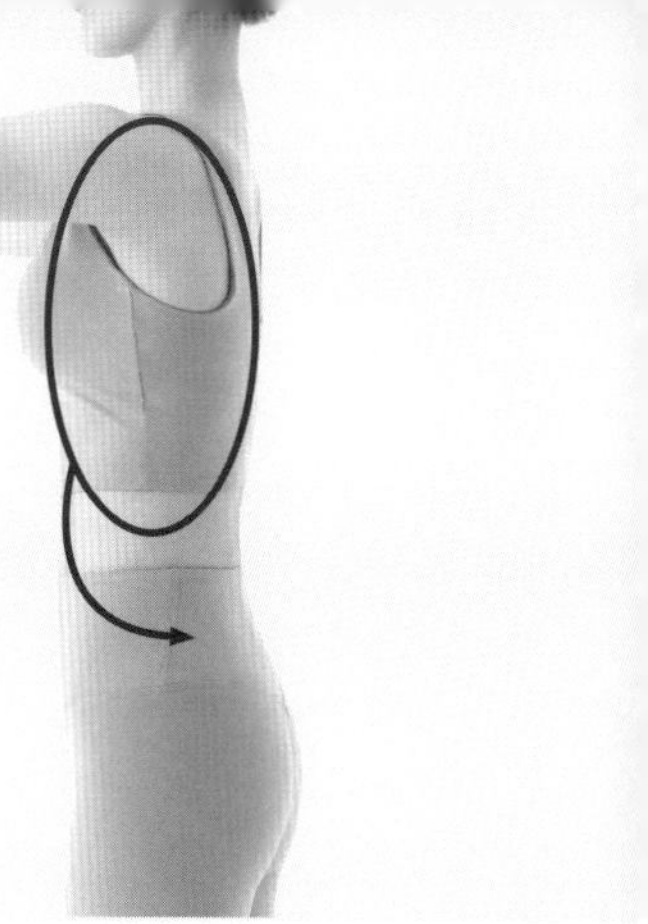

✕NG

肋骨パッカーンと
開いてない？
背中が後ろへ
傾いている
くびれゼロの
ポッコリ下腹
体型に
お腹またはお尻が
前にずれている

Aikotoba 03

ポッコリ下腹が消える洗濯物干し

How to

肋骨の端と同じ高さの背骨がターゲット！
ココ!

肋骨の端と同じ高さの背骨に意識を向ける。

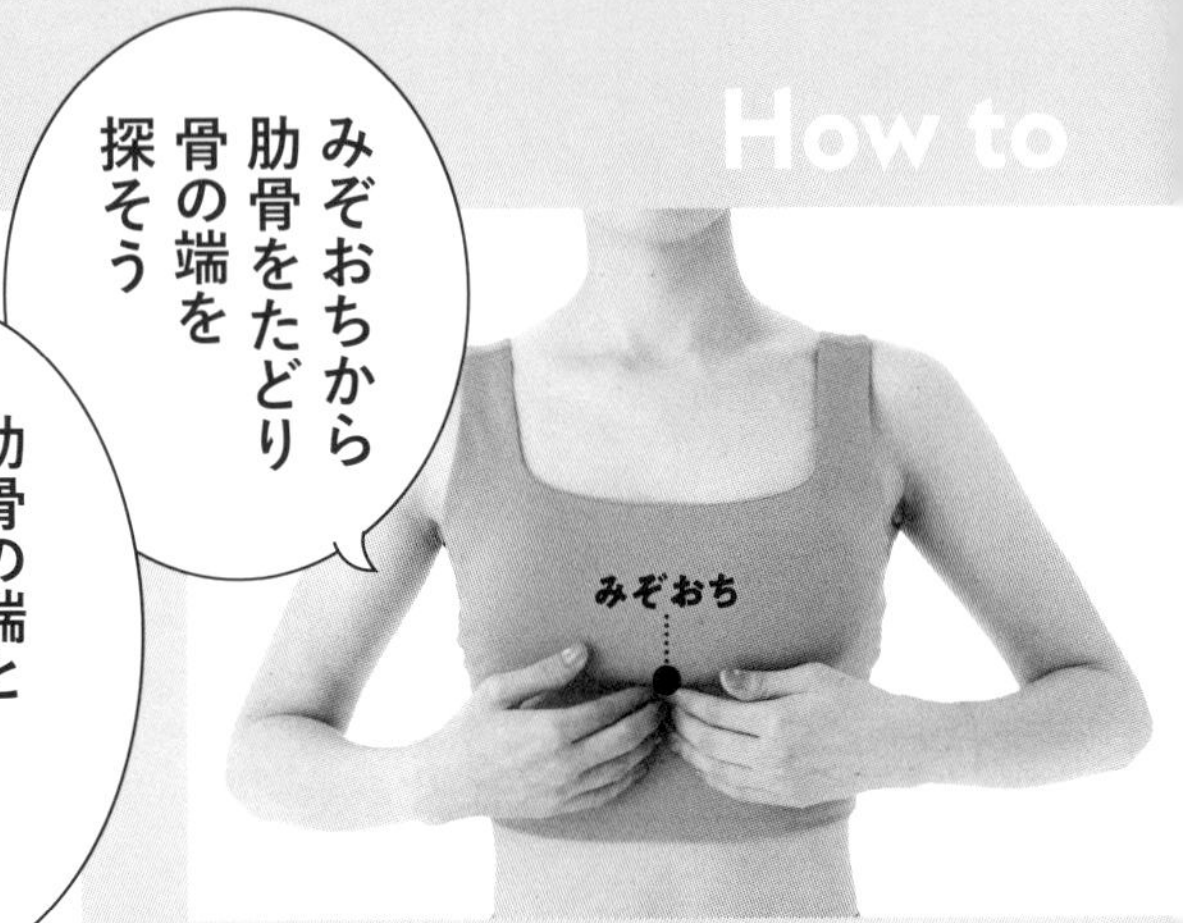
みぞおちから肋骨をたどり骨の端を探そう
みぞおち

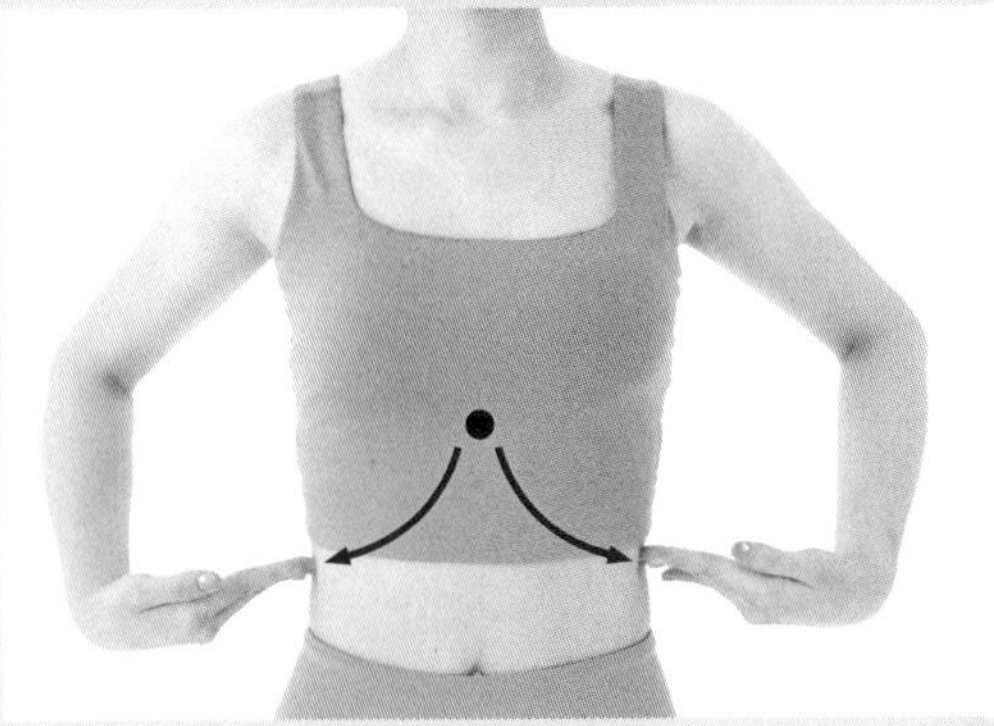

両手の指先でみぞおちに触れ、逆V字に肋骨をたどった端の骨を触る。

動画でCHECK

美姿勢が身につく

合言葉

胸は張らない

腹筋にほんのり力が
入る感覚があればOK！

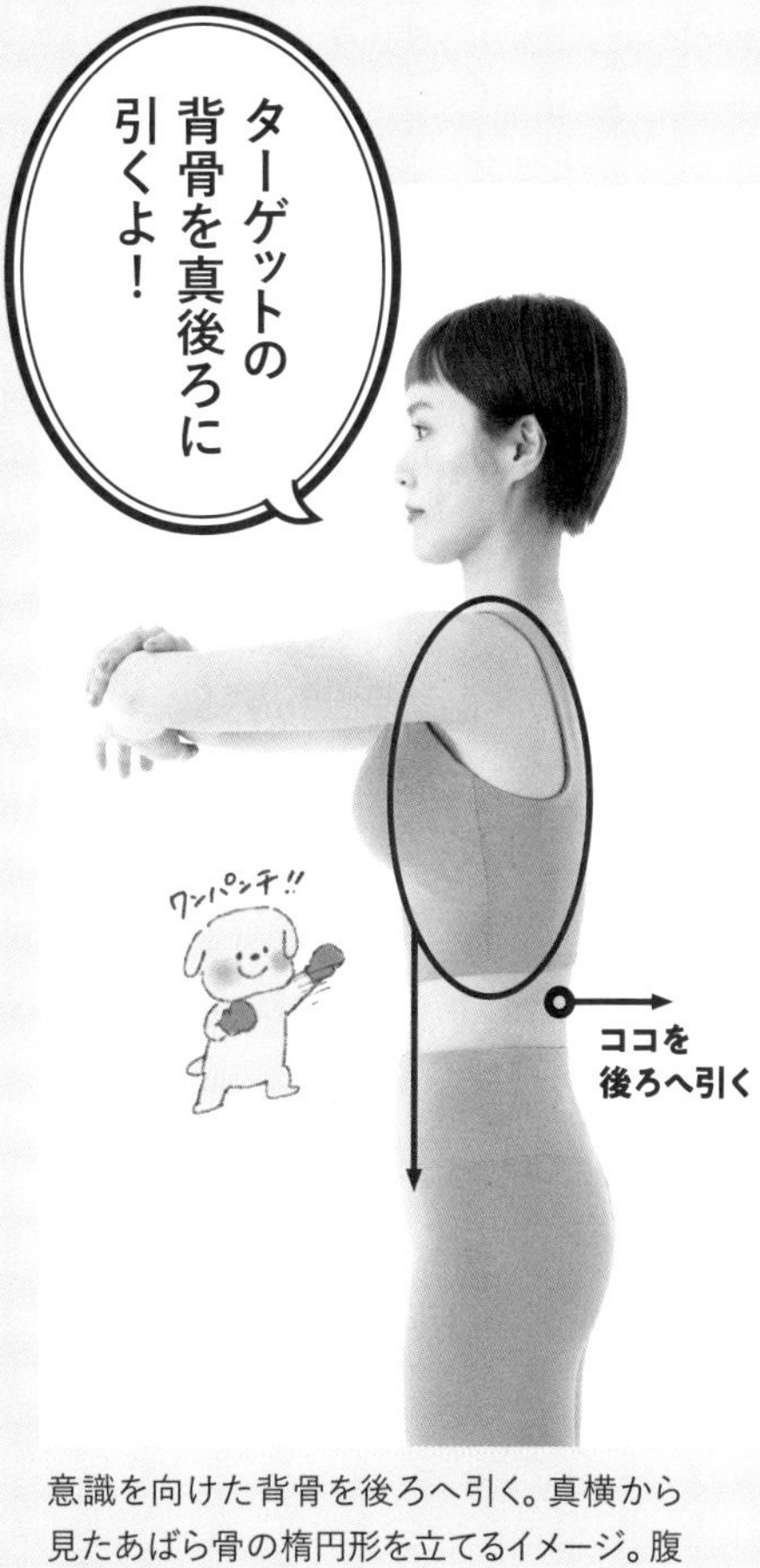

ターゲットの
背骨を真後ろに
引くよ！
ワンパンチ!!
ココを
後ろへ引く

背骨を真後ろに引いたまま洗濯物を干そう。息を細くながーく吐きながら行うのがおすすめ。くれぐれも腹筋を固めないように。

意識を向けた背骨を後ろへ引く。真横から見たあばら骨の楕円形を立てるイメージ。腹筋は力まず、立てると“自然と”力が入る。
※実施時は両腕は下げたままでOK

肋骨を引くと上半身が丸まってしまう人は、「着物を脱ぐ!」(P.34参照)とセットで行うと効果アップ!

感覚をつかめない人のための

あばら立てトレ

Step 1

両手を組み、ひじを約90度曲げたまま、大きなボールを抱えるように胸の前に輪を作る。

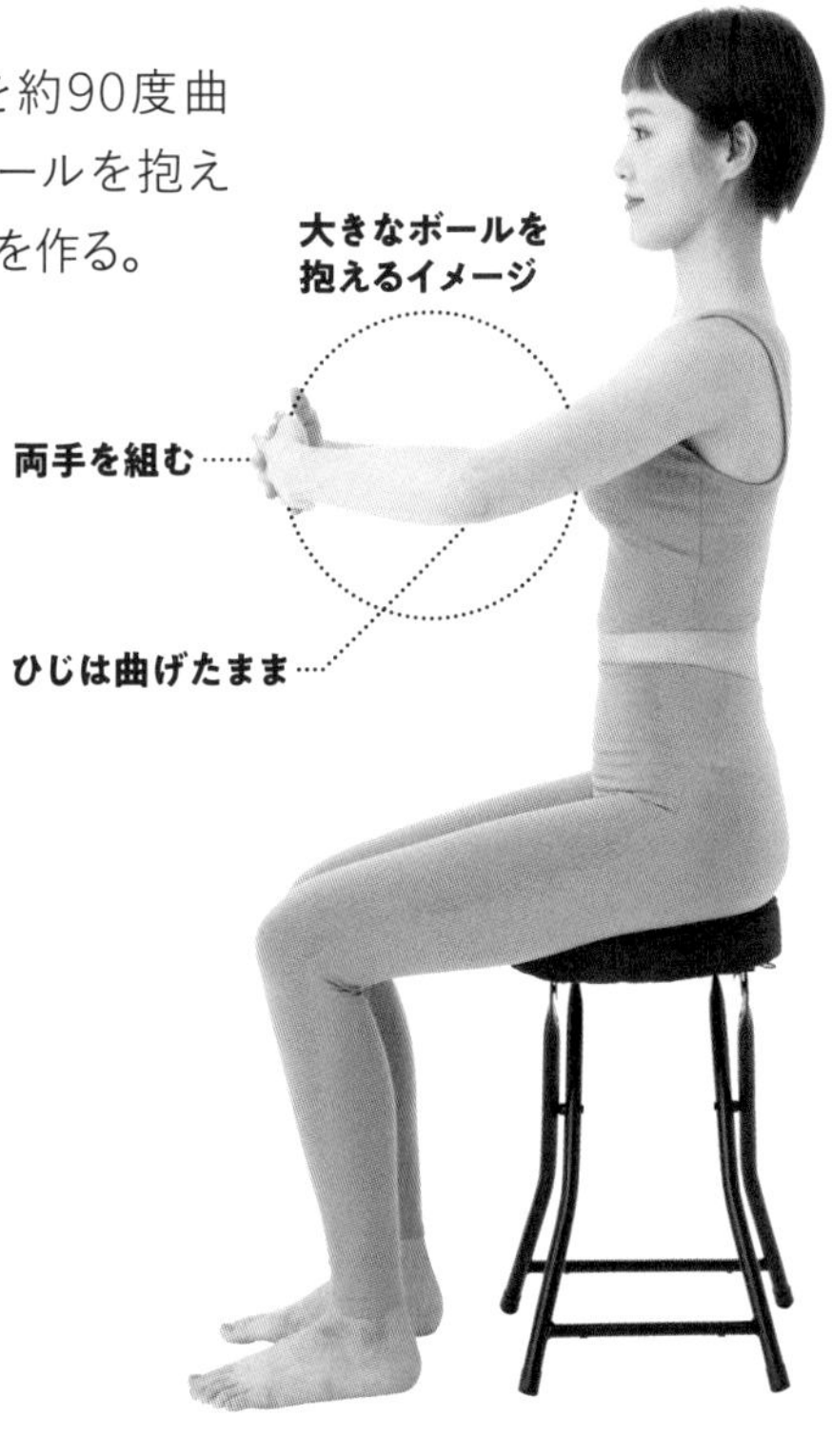
大きなボールを
抱えるイメージ
両手を組む
ひじは曲げたまま

ココを伸ばす！

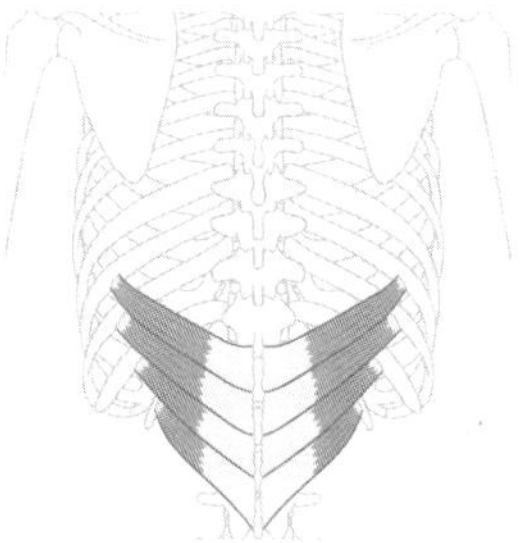

下後鋸筋を
縮めるクセをリセット！

「胸を張らない」がむずかしい人は下《か》後《こう》鋸《きょ》筋《きん》や肋骨下部の背筋が縮んでいるのかも。胸を張った姿勢、お腹が前に出た姿勢で縮みます。あばら立てトレは、これらの筋肉をストレッチしつつ腹筋を強化できる一石二鳥のエクササイズ！

吸う息で背中を膨らませ、そのまま息をながーく吐く。深呼吸を3〜4回繰り返す。肋骨の端と同じ高さの背骨を引くと効果的(P.46参照)。

3~4回

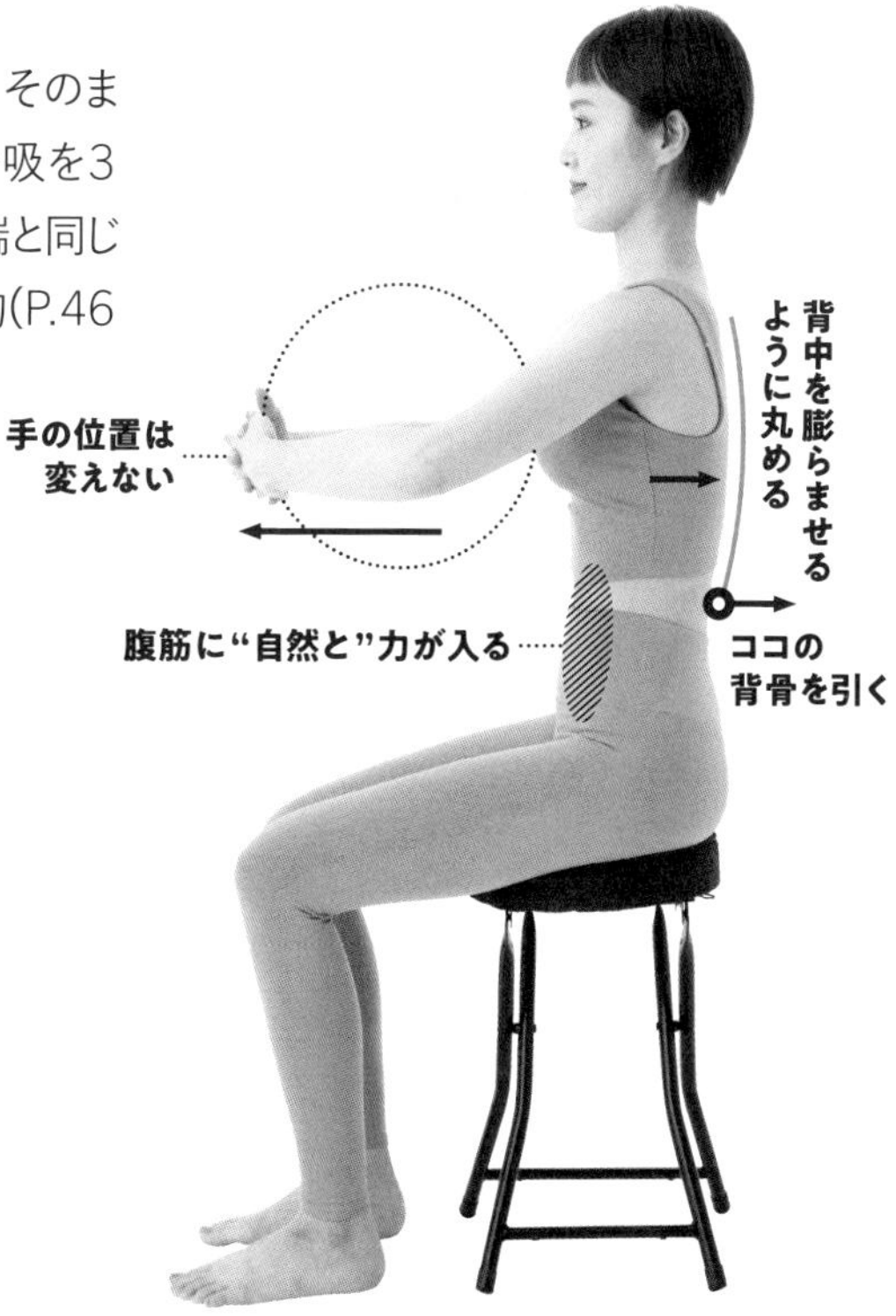
手の位置は
変えない
背中を膨らませる
ように丸める
腹筋に“自然と”力が入る
ココの
背骨を引く

Aikotoba 03

胸は張らない

アンダーバストをそっとワンパンチで後ろへ引く

合言葉をリマインド!

ー 電車に乗るとき

トレーニングの指導中に「胸は張らないでください」とお伝えすると、「胸を張るのが正しい姿勢ではないんですか?」と、驚かれることがあります。**胸を張ると背筋がピンと伸びるので一見正しい姿勢に見えるかもしれませんが、少し惜しいのです。**本来、いい姿勢では腹筋にほんのり力が入りますが、胸を張ると肋骨の下側が開き、腹筋に力が入りにくくなります。腰痛や肩コリ、ポッコリお腹などの原因です。

合言葉

をリマインド！

服をチェックするとき

反り腰姿勢の人は特に、胸を引くのがむずかしく感じるはずです。**「恥骨（股の前側にある骨）とアンダーバストを垂直に寄せる」ことを意識してみましょう。鏡の前で、胸下を手で触れながら横目でチェックするのがおすすめです。**

この動きは、腰が丸まっている人や猫背の人にも重要です。胸を張っているように感じなくても、あばらが後ろへ傾いているケースがあります。その場合いくら胸下を引き込んでも、窮屈さしか感じないことがあります。「5度お辞儀」（85ページ参照）も参考にしながら、あばらを立ててみましょう。

鏡で身だしなみを整えるときにアンダーバストを手のひらでそっとワンパンチ。こうして腹筋にスイッチを入れるだけでも効果的です。

Aikotoba 04

下半身太りが消えるドライヤーかけ

OK

remember

美姿勢が身につく

合言葉

親指、小指ガバッ！

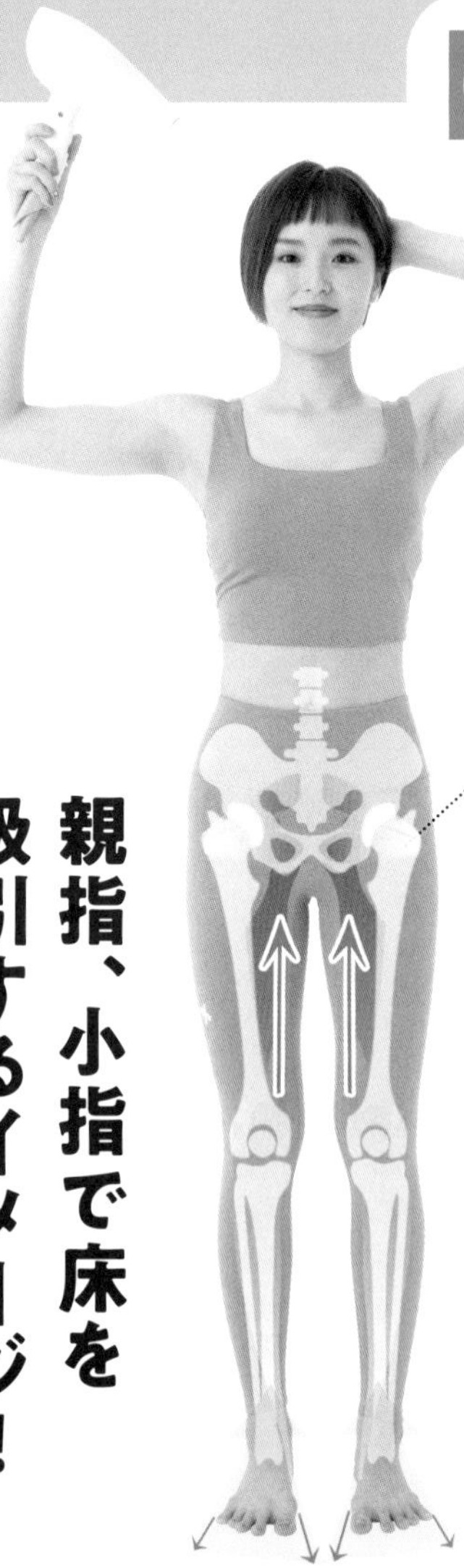

親指、小指で床を吸引するイメージ！

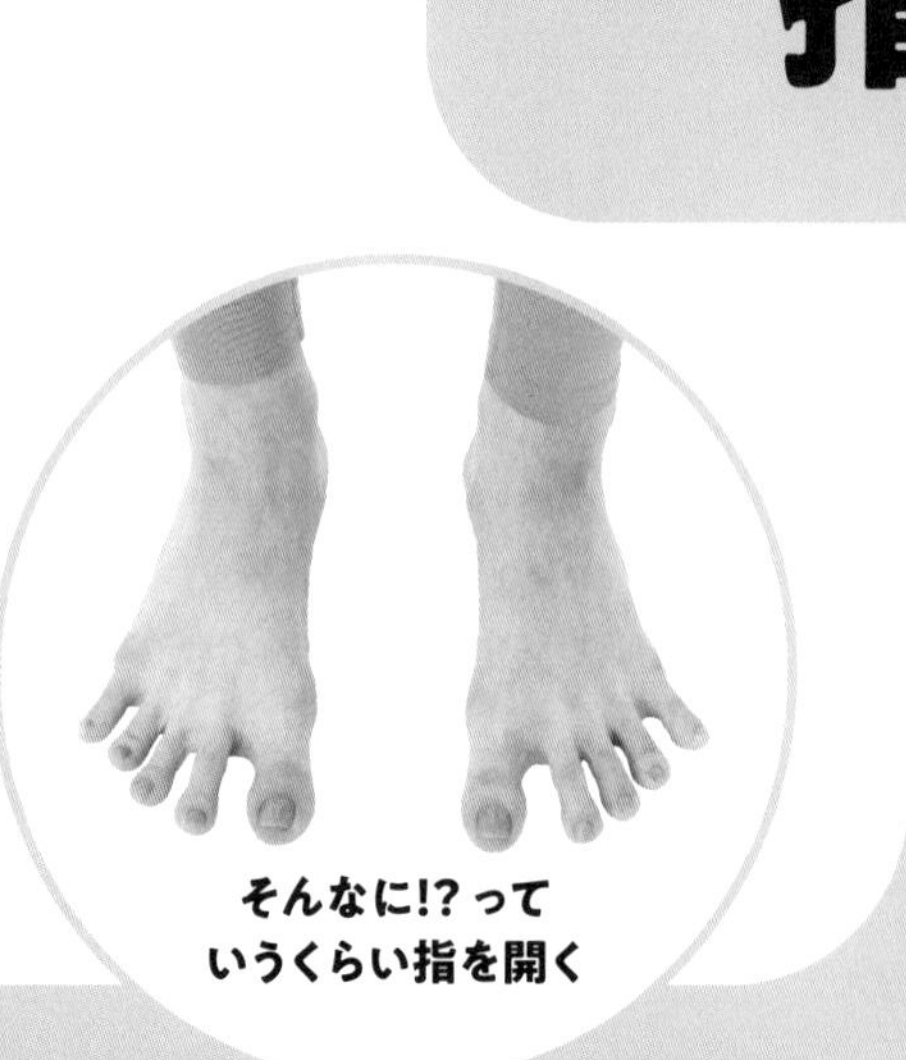

そんなに!?って
いうくらい指を開く

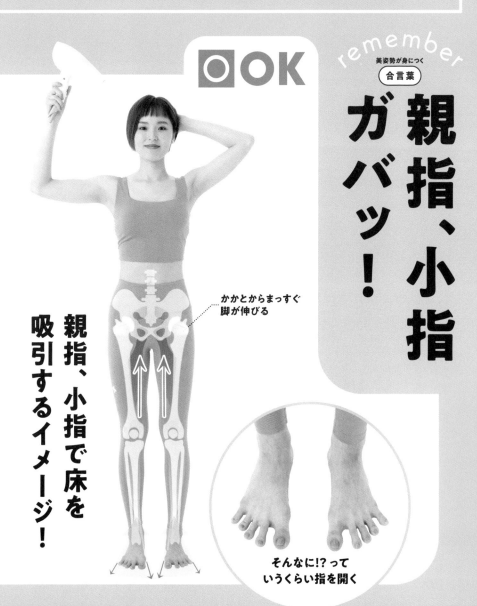

足指が開かなくてもセッティングを繰り返す

足指を開くには母趾外転筋《ぼしがいてんきん》と小趾外転筋《しょうしがいてんきん》という足裏の筋肉を使います。この筋肉は、親指・小指が開いた位置だと働きやすいため、自分で開けなくても、ガバッと開いてセッティングすることがとても重要です。

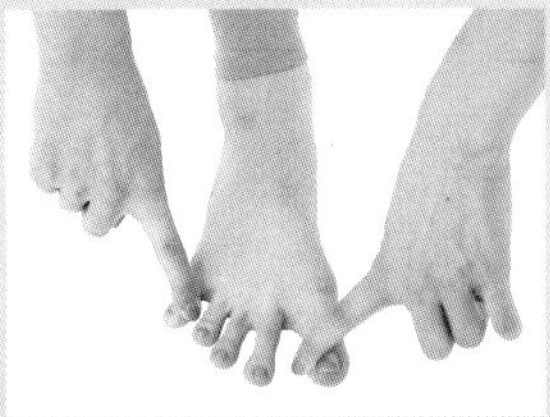

×NG

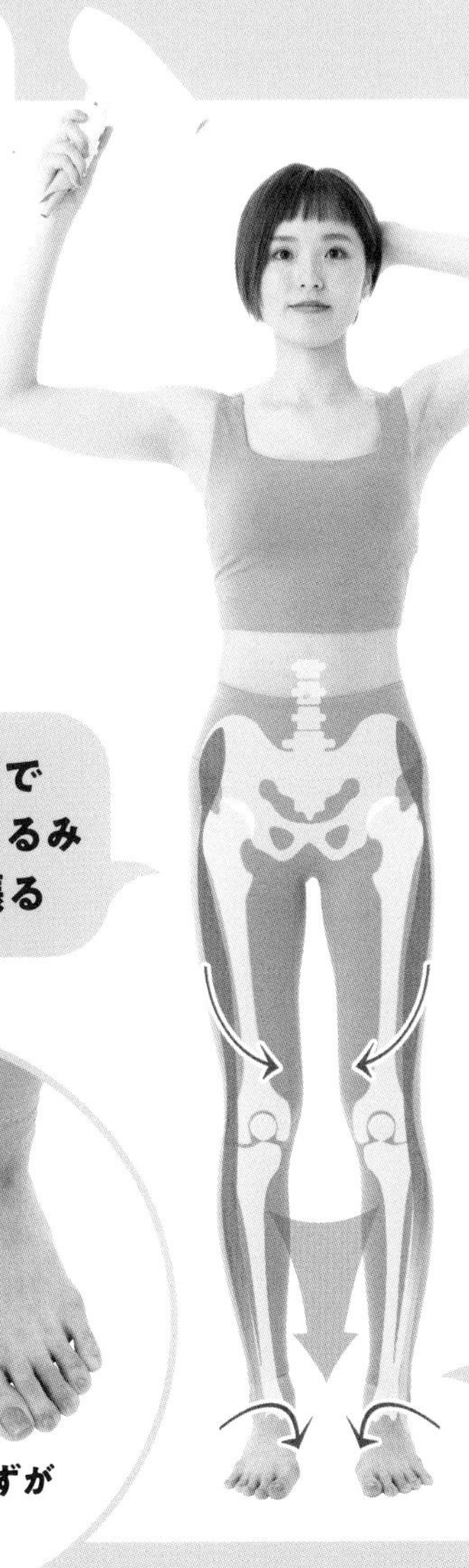
脚がむくんで
内ももがたるみ
外ももが張る
指先、
ギュッと
閉じてない？

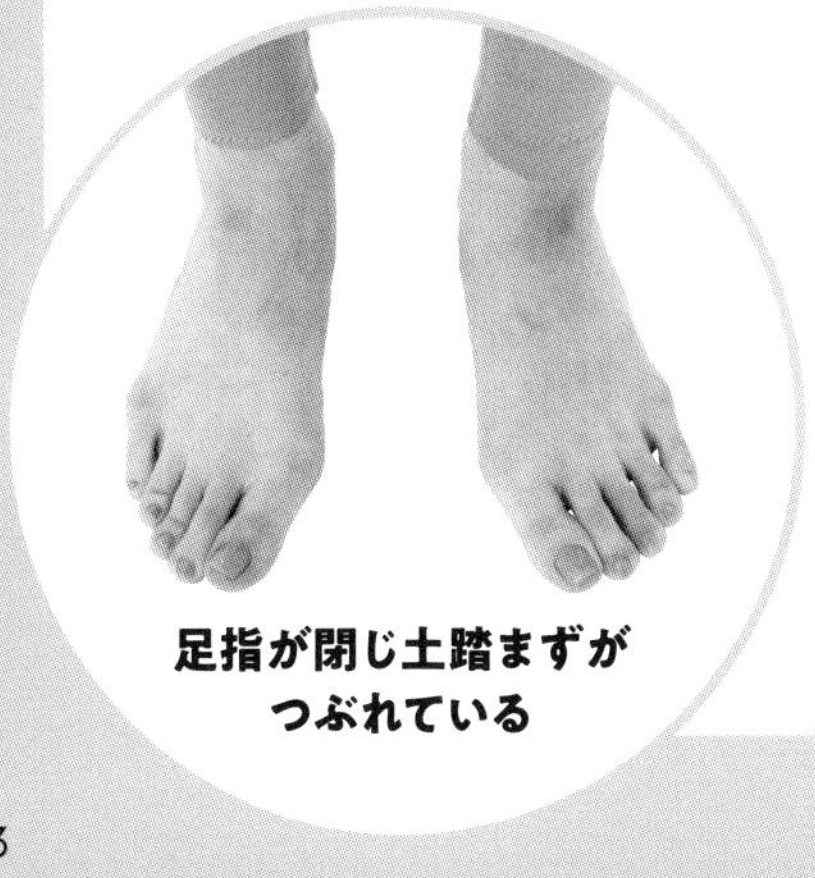
足指が閉じ土踏まずが
つぶれている

Aikotoba 04

下半身太りが消えるドライヤーかけ

How to

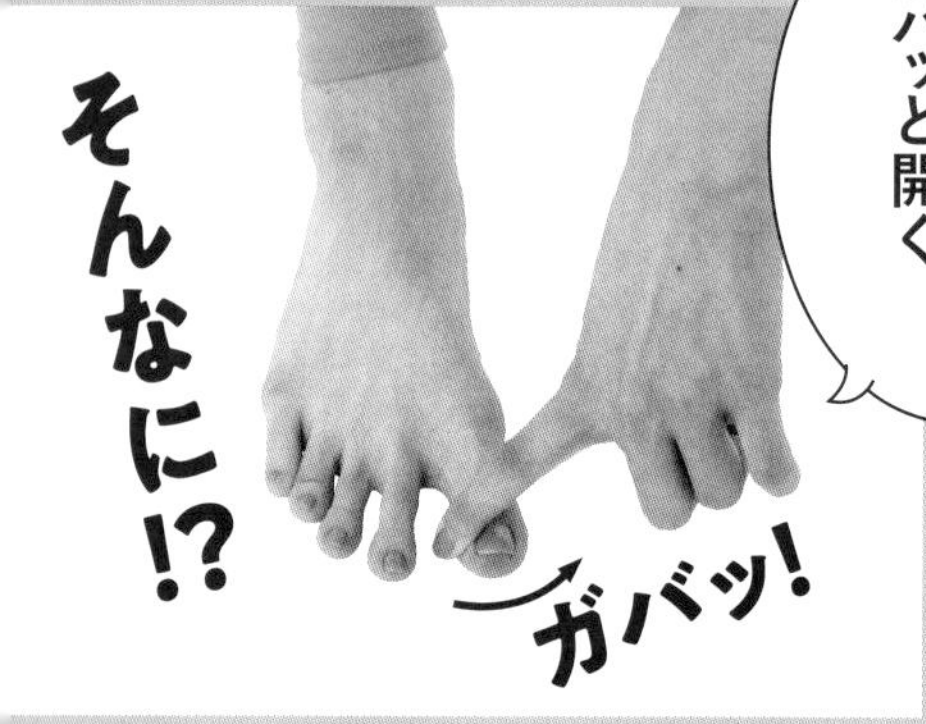
そんなに!?
ガバッ!
親指のすき間をガバッと開く

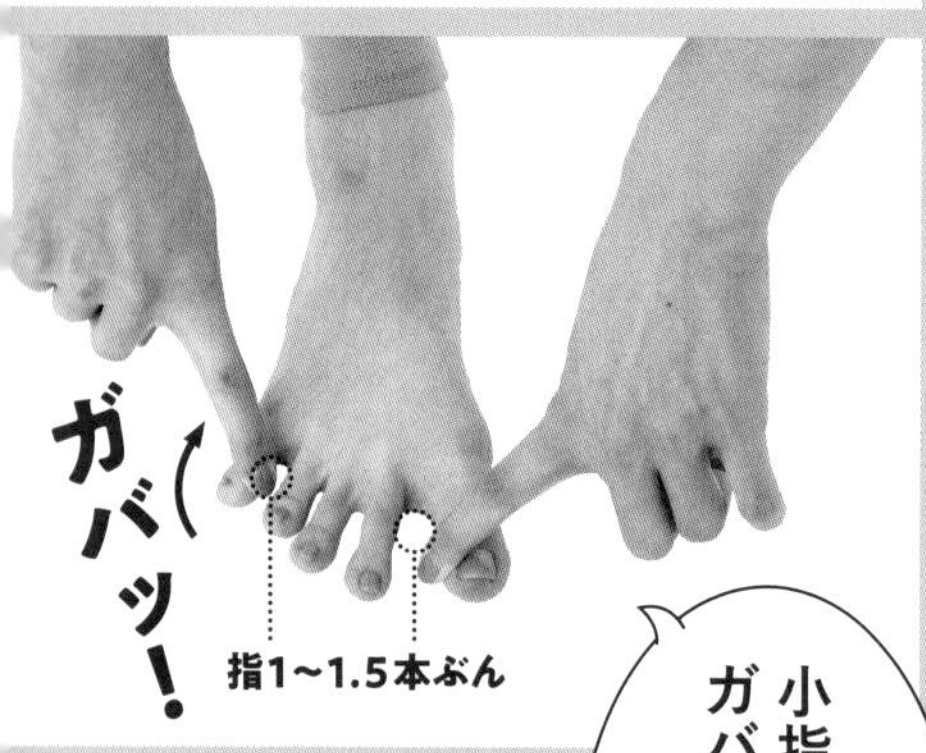
ガバッ!
指1～1.5本ぶん
小指のすき間をガバッと開く

足の親指と小指をできるだけ開く。痛みがある人は「カレー粉割りパー」(P.56参照)へ。

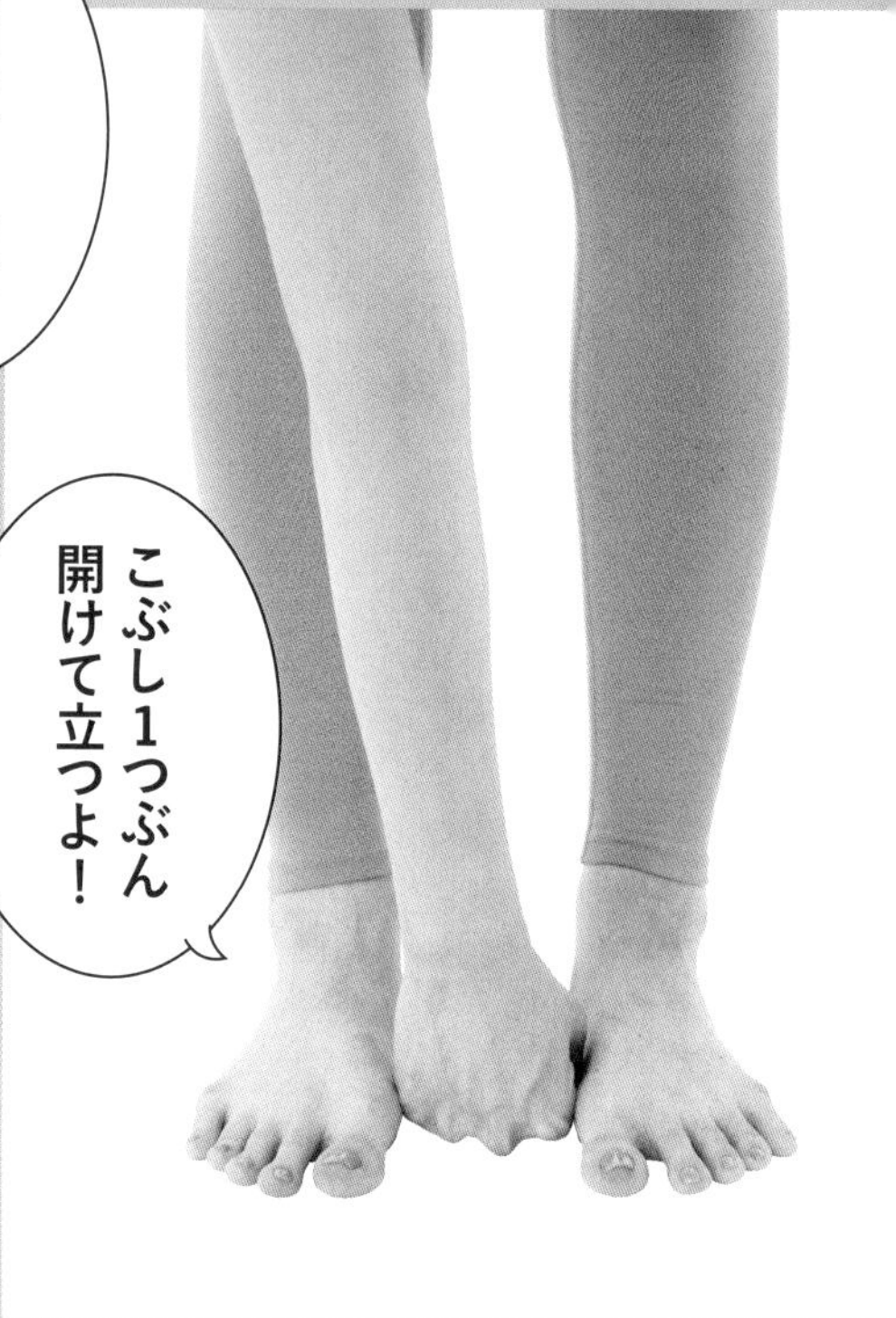
こぶし1つぶん開けて立つよ!

足と足の間をこぶし1つぶん開けて立つ。

動画でCHECK

remember

美姿勢が身につく

合言葉

親指、小指ガバッ!

そのまま
上に伸びる!
グーン
土踏まずが上がり
足裏に力が入る
感覚があればOK!

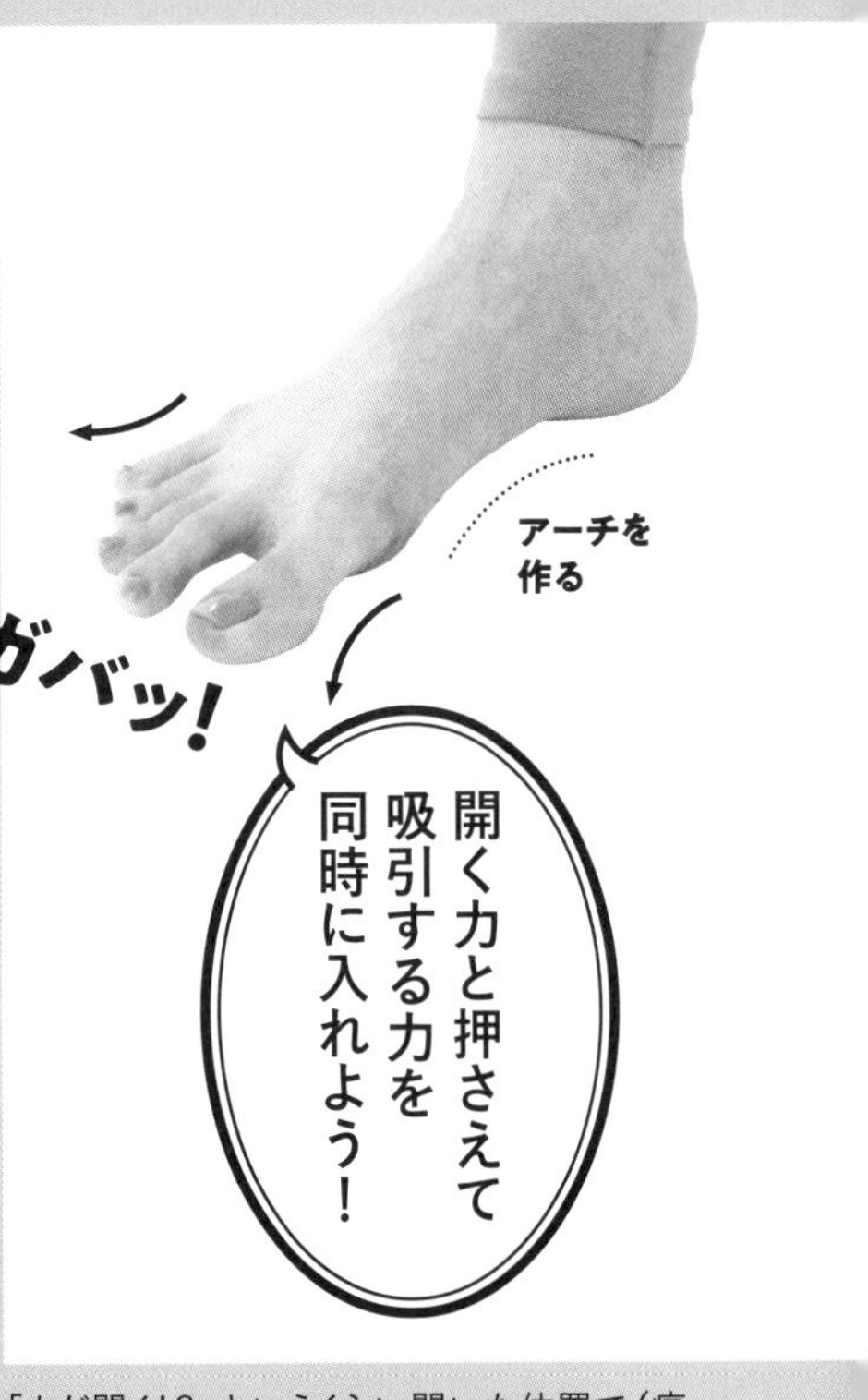

アーチを
作る
ガバッ!
開く力と押さえて
吸引する力を
同時に入れよう!

親指、小指、かかとの3点を床に固定し、足裏で吸盤のように床を吸い上げるイメージで立とう。

「まだ開く!?」というくらい開いた位置で(痛みのない範囲で)、親指と小指で床を吸引するように押さえる。

「うなじを伸ばす!」(P.26参照)**をセットで行うと、もっとやせ見え!**

感覚をつかめない人のための

カレー粉割りパー

Step 1

足裏の両サイドを両手でつかみ、カレー粉を割るように、縦に走る5本の骨（中足骨《ちゅうそくこつ》）を左右に丸める。10秒キープする。

縦に走る足の骨を
横に割るイメージ

ココを使う!

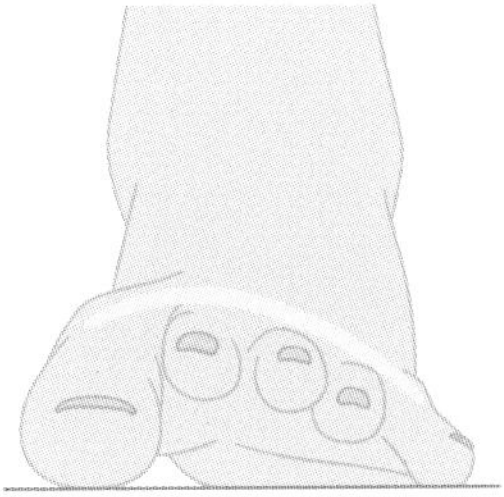

横アーチをつぶすクセをリセット!

足指を開けない人は足のアーチが失われているかも(扁平足《へんぺいそく》や外反母趾《がいはんぼし》は特につぶれやすい)。カレー粉を割るように足をパキッと丸め、まずは形を作ります。横アーチを維持したまま「足裏側で」開きましょう。足の甲側で開かないよう注意を。

Step 2

足裏のアーチをキープしたまま、両手の親指とひと差し指で、足の親指と小指を挟み、外側に開く。そのまま10秒キープ(余裕のある人は足から指を離してキープ)し、**Step 1**に戻る。3回繰り返す。

10秒キープ×3セット

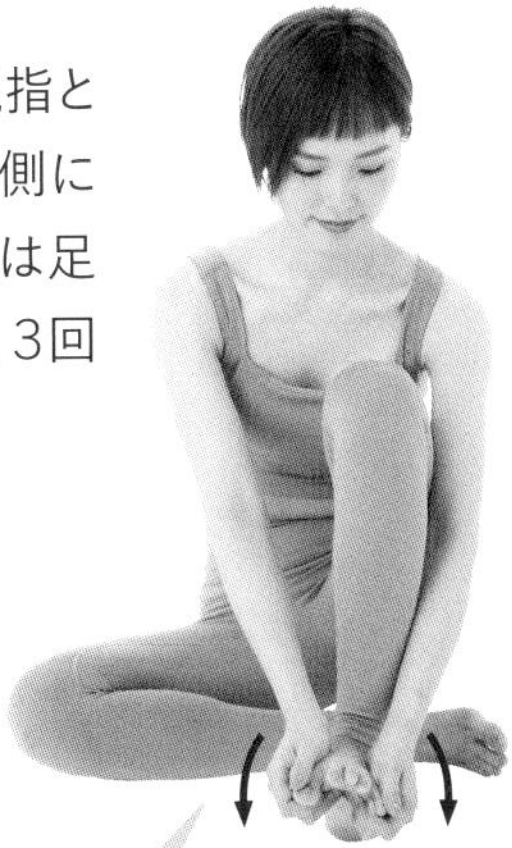

足裏のアーチを
維持したまま
指を離してみよう!

足裏側で親指・小指を開く筋トレ!

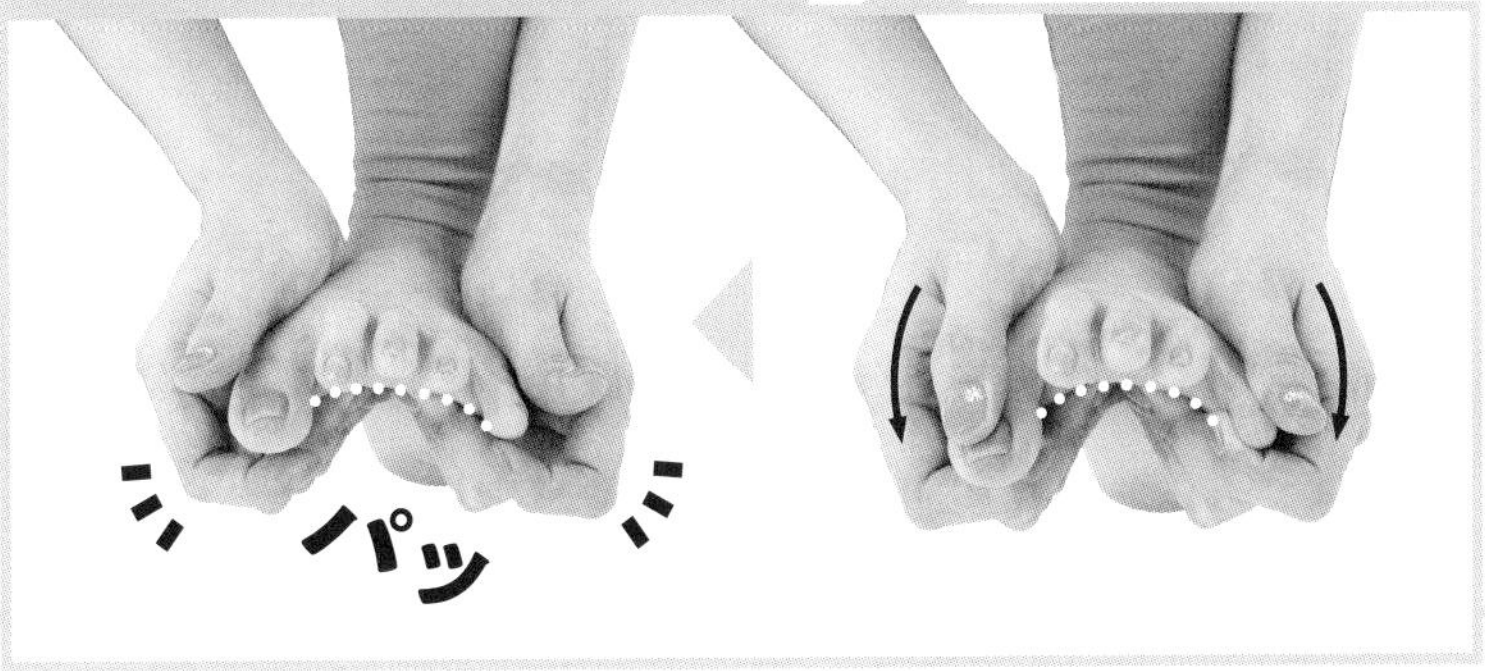

感覚をつかめない人のための

足指開きトレ

Step 1

体育座りをし、足と足の間をこぶし1つぶん開ける。足指の付け根は床についたまま、5本の指を床から離す。親指、小指、間3本の指の順で床につける。

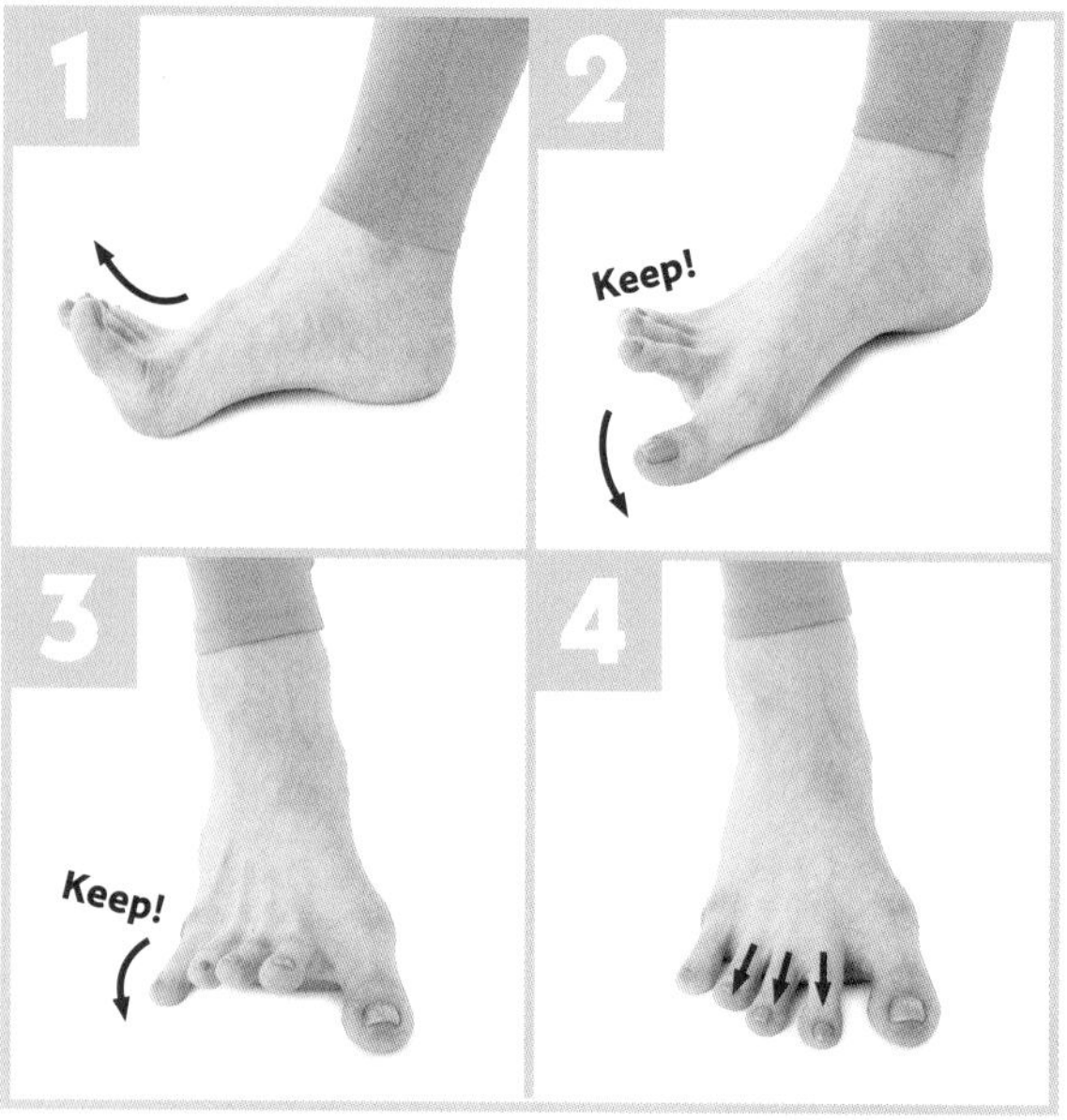

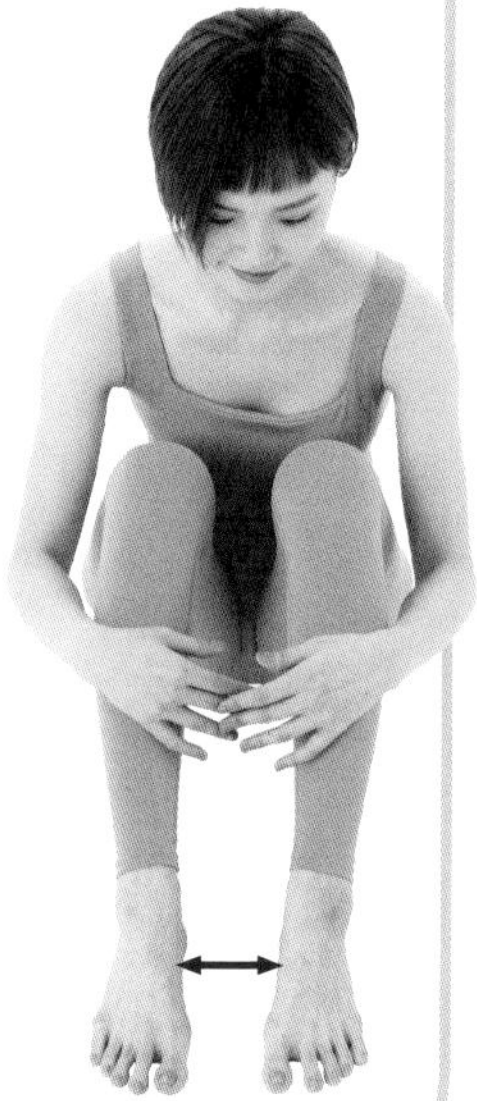

こぶし1つぶん

郵便はがき

お手数ですが
切手を
お貼りください

150-8482

東京都渋谷区恵比寿4-4-9
えびす大黑ビル
ワニブックス書籍編集部

お買い求めいただいた本のタイトル

本書をお買い上げいただきまして、誠にありがとうございます。
本アンケートにお答えいただけたら幸いです。
ご返信いただいた方の中から、
抽選で毎月５名様に図書カード（500円分）をプレゼントします。

ご住所　〒

TEL（　　-　　-　　）

（ふりがな）
お名前

年齢
歳

ご職業

性別
男・女・無回答

いただいたご感想を、新聞広告などに匿名で
使用してもよろしいですか？　（はい・いいえ）

※ご記入いただいた「個人情報」は、許可なく他の目的で使用することはありません。
※いただいたご感想は、一部内容を改変させていただく可能性があります。

●この本をどこでお知りになりましたか?(複数回答可)

1.書店で実物を見て　2.知人にすすめられて
3.SNSで(Twitter:　Instagram:　その他　)
4.テレビで観た(番組名:　)
5.新聞広告(　新聞)　6.その他(　)

●購入された動機は何ですか?(複数回答可)

1.著者にひかれた　2.タイトルにひかれた
3.テーマに興味をもった　4.装丁・デザインにひかれた
5.その他(　)

●この本で特に良かったページはありますか?

[　]

●最近気になる人や話題はありますか?

[　]

●この本についてのご意見・ご感想をお書きください。

[　]

以上となります。ご協力ありがとうございました。

ココを使う！

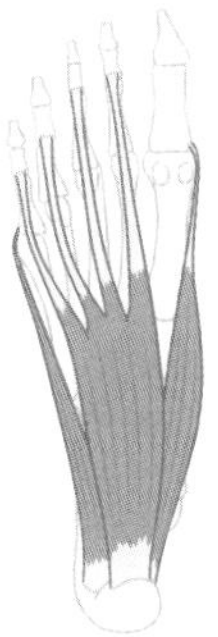

寝ている足裏のコアを呼び覚ます！

足指を開くのがむずかしい人は、親指・小指を開く母趾外転筋と小趾外転筋だけでなく、足裏の深いところにある足《そく》趾《し》屈《くっ》筋《きん》群《ぐん》が弱いのかも。足指開きは、指を開く力と地面を押さえる力で成り立ちます。足指開きトレでコツをつかみましょう。

Step 2

親指とひと差し指、小指と薬指の間に、指1〜1.5本ぶんのすき間ができるよう、手でアシストして指を開く。そのまま床を足指で押さえる。足裏の両サイドに触れて力が入るのを意識しながら10秒キープ。3セット行う。

10秒キープ×3セット

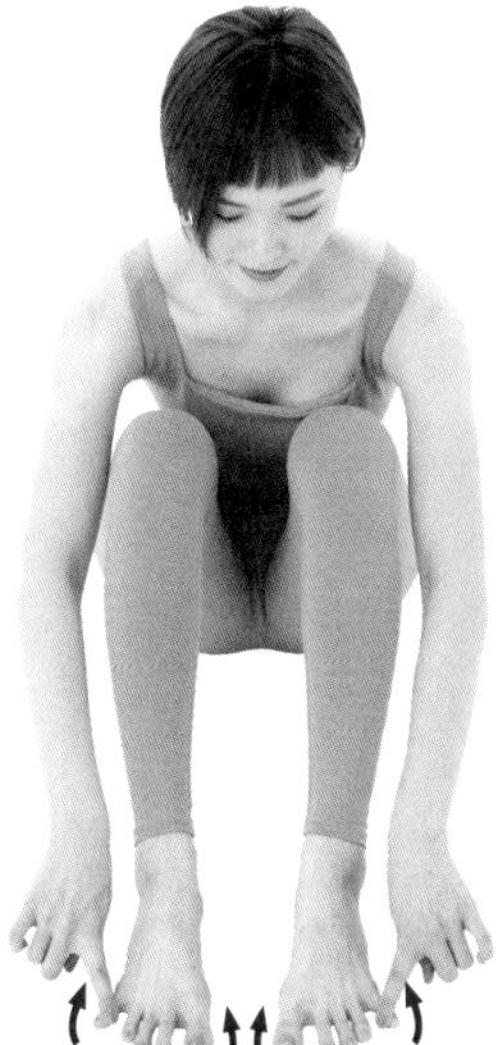

ココに触れながら行う

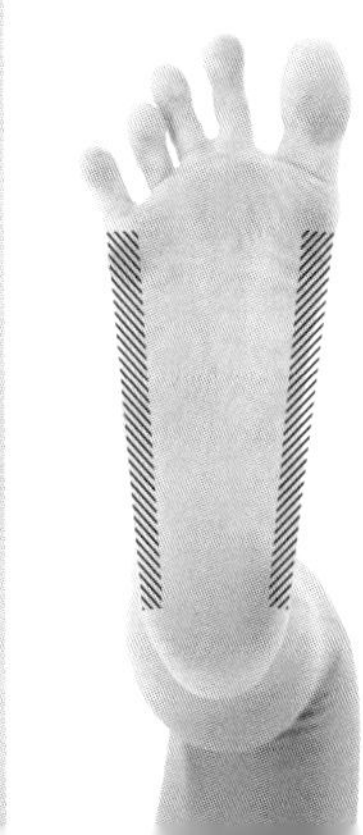

触ることで脳に感覚が伝わり、筋肉が働きやすくなる。

Aikotoba 04

親指、小指ガバッ！

足裏が使えると脚のゆがみがスッキリする

合言葉をリマインド！

ー歯磨きをするとき

親指、小指をガバッと！
ガバッ!!
アーチを作る

上半身は比較的ほっそりしているのに、下半身が太い人や脚がむくみやすい人などは、足裏が正しく使えていないのかもしれません。

足裏は、私たちの体を支える土台とも言える場所。土台が崩れると、体全体のバランスが崩れて体がゆがみ、あらゆる不調を招いてしまいます。

大切なのは、親指と小指、かかとの3点を支柱として、吸盤のように足裏で床を吸い上げ、

合言葉をリマインド！

― お皿を洗うとき

足裏で床を吸い上げる！
吸盤のように！

しっかりと土踏まずのアーチを作って立つこと。足裏の筋肉は、ふくらはぎの深いところにある筋肉から内もも、さらには心臓や肺、頭頂部まで膜でつながっています。

足指を開き、うなじを伸ばす（26ページ参照）ことで、これらがセットで働き、上へ引き上げる力が生まれます。

日常の「立つ姿勢」で足のインナーマッスルを使えるので、長期的に消費エネルギーがアップし、やせる効果も期待できます。

ドライヤーをするときはもちろん、歯を磨くときやお皿を洗うときに行うのもおすすめ。立っているときに、「うなじを伸ばす！」の合言葉とセットで行うと、全身のシェイプアップにつながります。

Aikotoba 05

ポッコリ下腹 ほうれい線 が消えるレジ待ち

○OK

remember

美姿勢が身につく

合言葉

口すぼめで吐き切る！

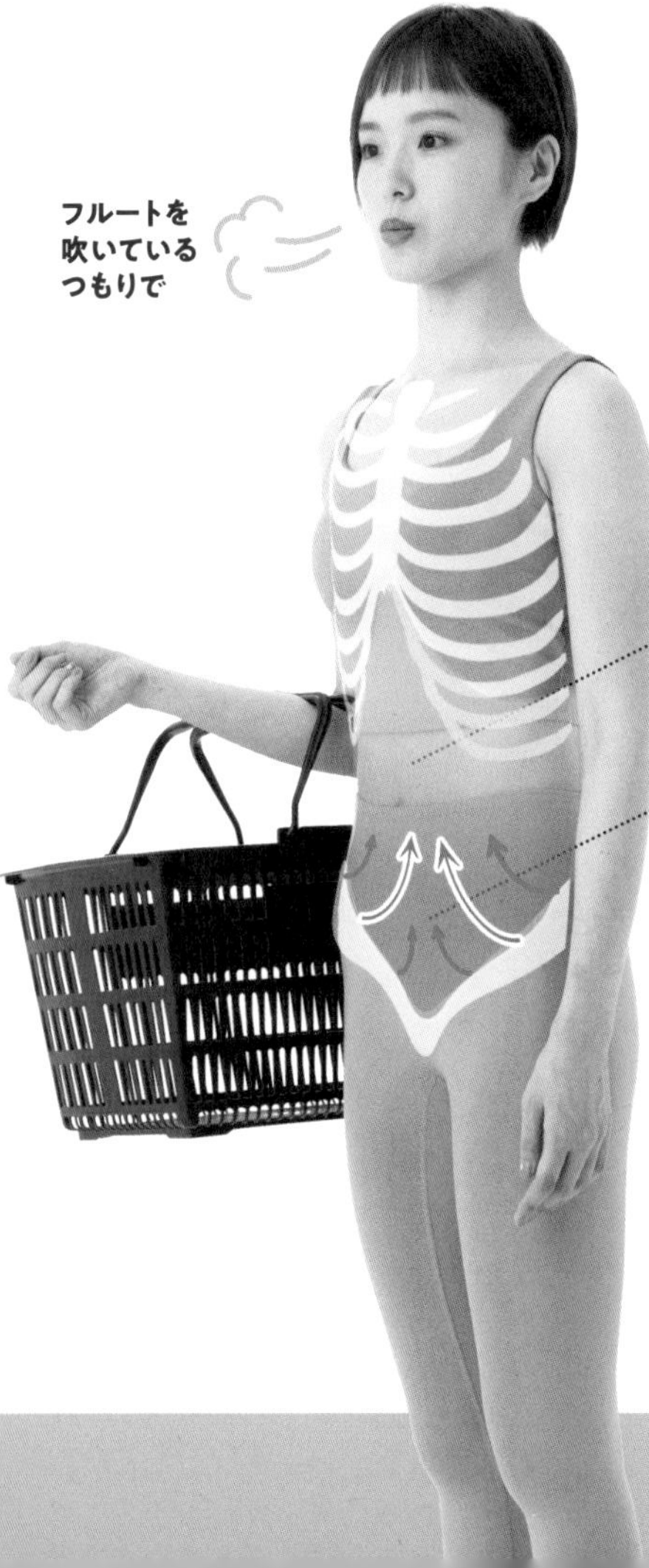

フルートを吹いているつもりで
息を吐き切るときに特にお腹に力が入る
下腹をペッタンコに

フルートを吹くようなイメージ！

息を吐きながら下腹を引き込む

立つ姿勢で息を吐き切り、下腹をへこますには、腹横筋の特に下部を使います。重力で脂肪や内臓が下へ落ちるため、腹筋の中でも特にコマネチラインからおへそを引き込む意識を持つとうまく下腹がへこみます。

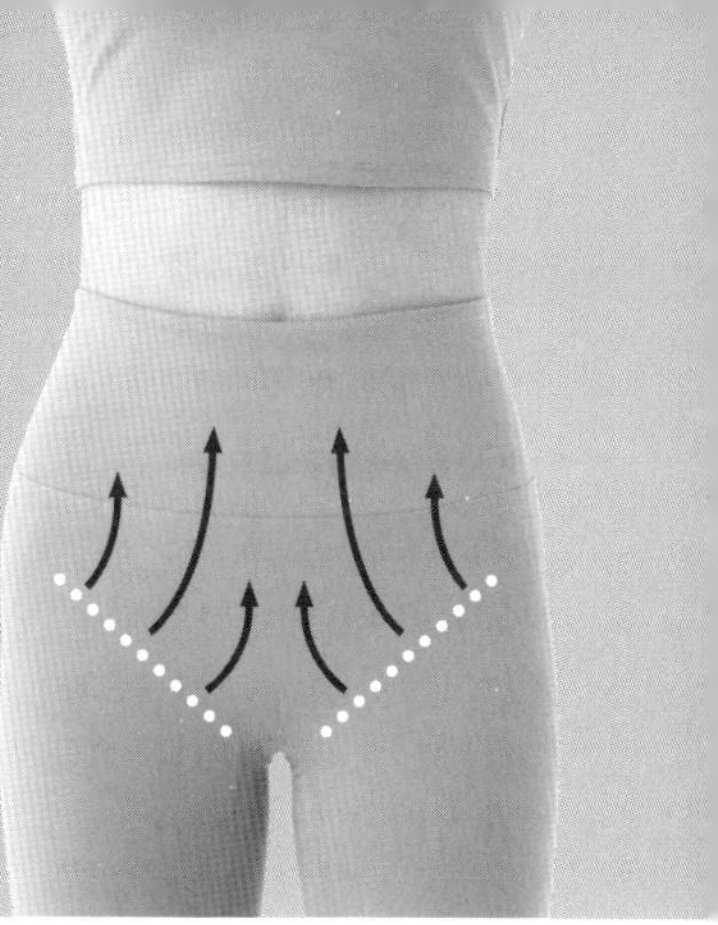

✕NG

ため息をつきがち
お腹のコルセット、使えてる?
お尻の上に腰を乗せている
ポッコリ下腹
くびれが消え、ポッコリ下腹に

Aikotoba 05

ポッコリ下腹 ほうれい線 が消えるレジ待ち

How to

まずは鼻から吸って
口から長く吐いてみて
口元は
フルート吹きの
イメージ!
ふぅ〜

鼻から息を吸い、フルートを吹くように口をすぼめて細く長く息を吐く。3〜4秒吸って、6秒吐くのが目安。

着物を脱いで
あばらを立てて
姿勢を整えよう
着物を脱ぐ
あばらを
立てる
脱ぐワン

「着物を脱ぐ!」(P.34参照)、「胸は張らない」(P.44参照)を意識して立つ。

動画でCHECK

remember
美姿勢が身につく
合言葉

口すぼめで吐き切る!

天然
コルセットを
駆使!
足の付け根から
下腹がへこむ
感覚があればOK!

レジ待ちの間に呼吸を繰り返そう。息を吸うときもコマネチラインを引き込んだ状態をキープできるとさらに効果がアップ!

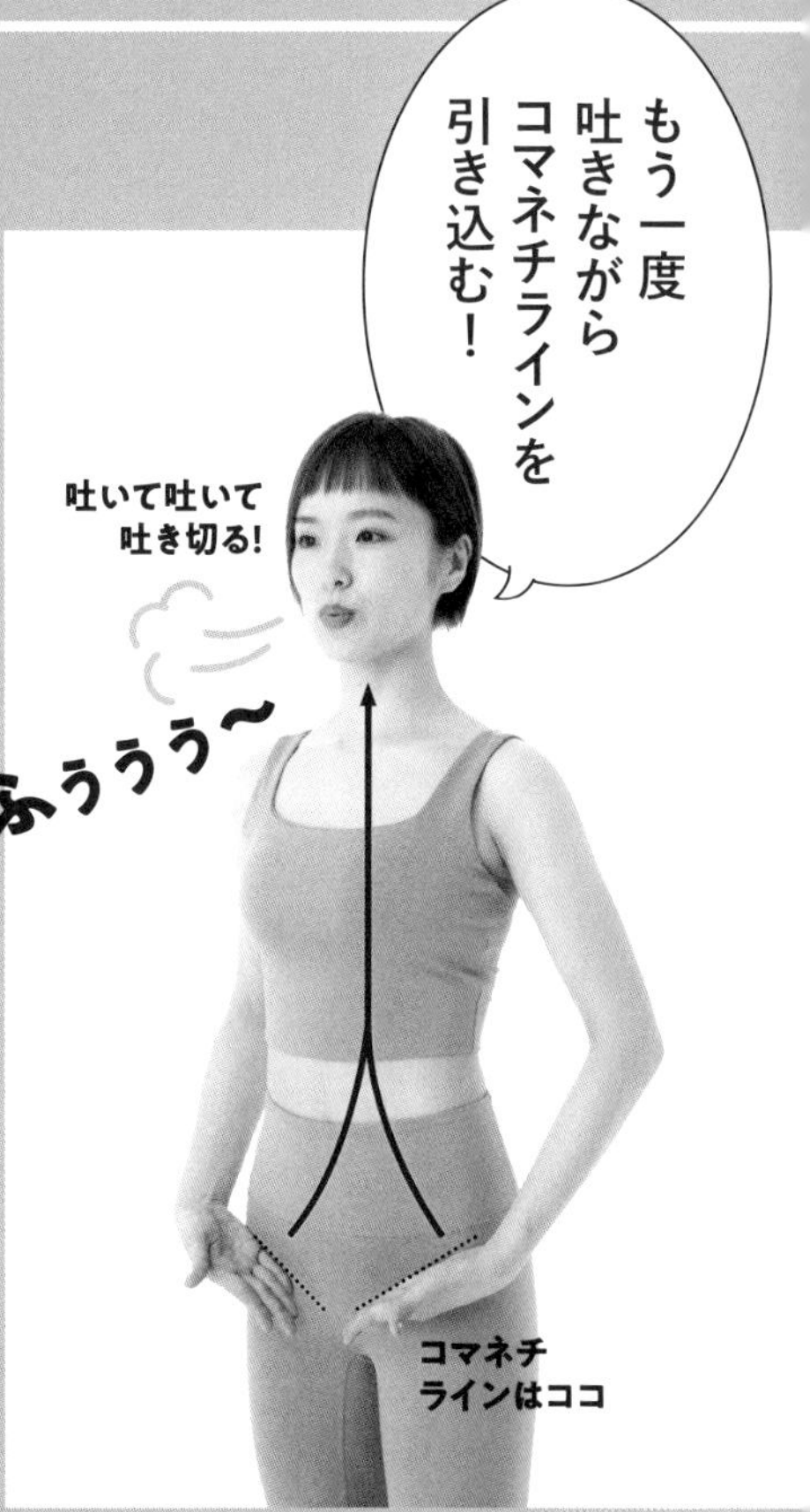
もう一度
吐きながら
コマネチラインを
引き込む!
吐いて吐いて
吐き切る!
ふぅぅぅ〜
コマネチ
ラインはココ

もう一度鼻から息を吸い、口をすぼめて細く長く息を吐き切る。吐き切るときにコマネチラインをキューッと引き込む。

**息を吐くときに、
おへそまわりだけがへこむのはNG!**

感覚をつかめない人のための

下腹トレ

Step 1

ひざ立ちになる。鼻から息を吸い、口から吐いて下腹をうすくする。

Step 2

鼻から息を吸って準備。口をすぼめて吐きながら両手を前から上へ上げる。

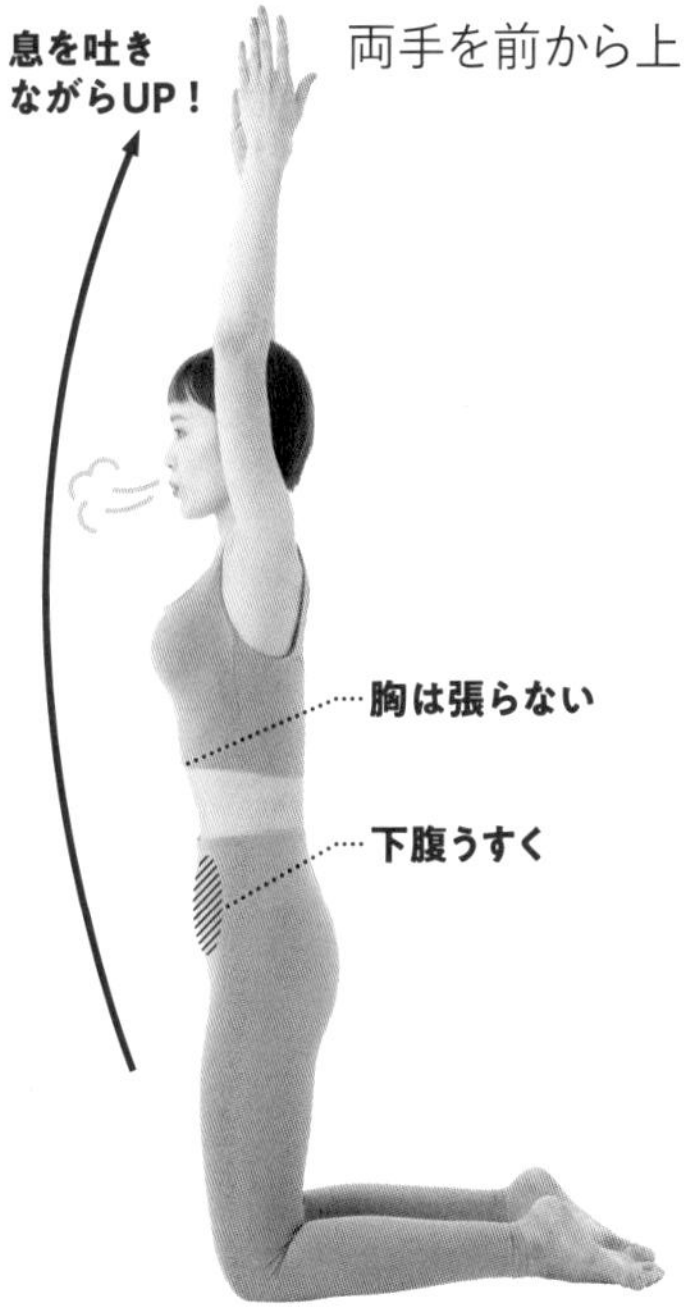
息を吐き
ながらUP！
胸は張らない
下腹うすく

下腹を
引き上げておく

ココを使う!

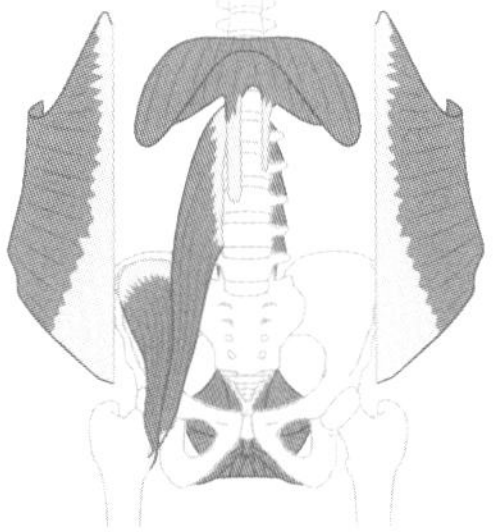

息を吐き切るのはコアの力!

息を吐き切るのがむずかしい人は、コア(腹横筋、多裂筋、横隔膜、骨盤底筋群)が弱いのかもしれません。「下腹トレ」は、肩まわりのストレッチや二の腕と股関節まわりの筋トレ要素もあって一石二鳥、三鳥!

Step 3

息を吸って準備。口をすぼめて吐きながら両手を前から下、そして後ろへ引いていく。息を細くなが一く吐き切ったら**Step 2**に戻る。3セット行う。

上下×3セット

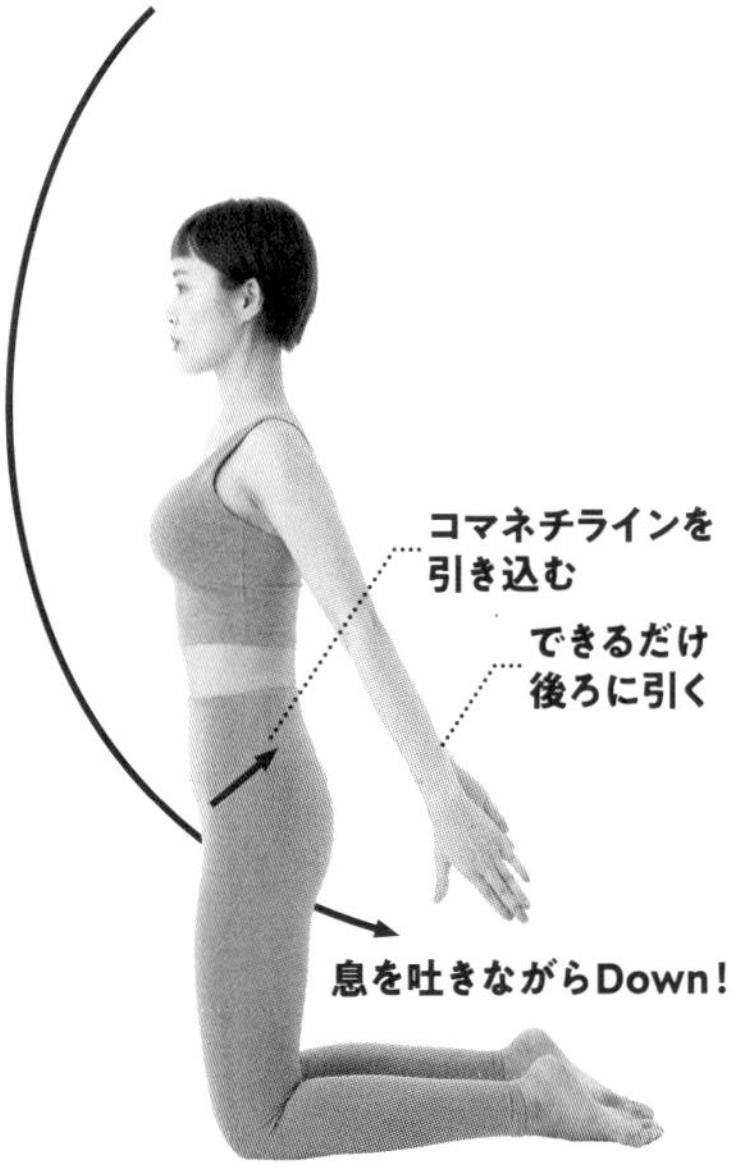
コマネチラインを
引き込む
できるだけ
後ろに引く
息を吐きながらDown!

NG

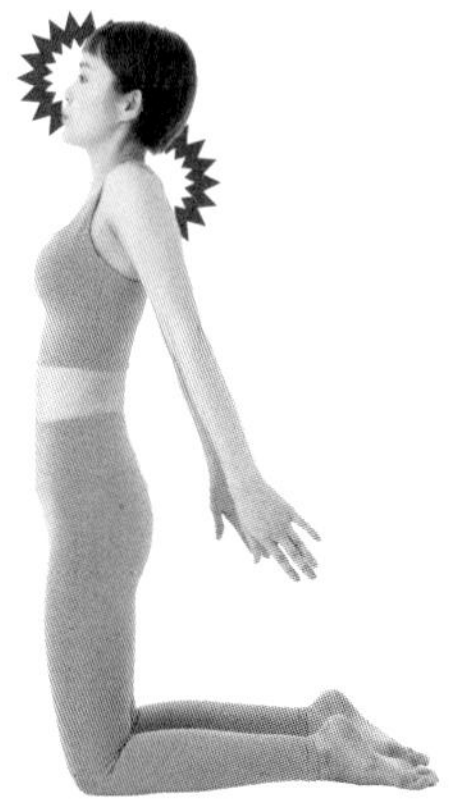

あごや肩が上がり顔を力ませるのはNG。

Aikotoba 05

口すぼめで吐き切る！

息を吐き切れるようになると脳も体もスッキリ

合言葉

をリマインド！

― 掃除をするとき

普段、無意識に行っている呼吸を、意識して少し変えるだけで、健康やダイエット効果が劇的にアップすることをご存知ですか？

現代人は呼吸が浅いと言われています。呼吸が浅いと、脳に必要な酸素を体に取り込むことができず血液中の酸素が不足し、疲れがとれにくくなったり、肩コリや腰痛を引き起こしたり、自律神経が乱れて心身にさまざまな悪影響を及ぼすことも。深い呼吸で体内に酸素をたっぷり

合言葉

をリマインド！

歩いているとき

着物を脱いで
あばらを立てる！

と取り込むことで、エネルギー消費量が増え、代謝が上がりやせやすくなります。

このときに意識したいのが、息をしっかり吐き切ること。しっかり吐き切れば、新鮮な空気が自然にたっぷりと入ってきます。

さらに、**息を吐き切るときには腹部のインナーマッスルである腹横筋が刺激され、お腹まわりのシェイプアップ効果も期待できます。**

腹横筋を鍛えると体幹が安定し、姿勢も改善します。そして口をすぼめて吐くことで、空気の通り道が広がるため、息を吐きやすくなり、長い時間吐き続けることができます。**口輪筋も働くため、ほうれい線予防にも期待大！**

呼吸はいつでもどんな姿勢でもできるので、毎日続けて健康で美しい体を手に入れましょう。

Aikotoba 06

ポッコリ下腹 二重あご が消える座り方

remember

美姿勢が身につく

合言葉

S字の背骨

◎OK

後頭部、胸裏、お尻を揃えるイメージ！

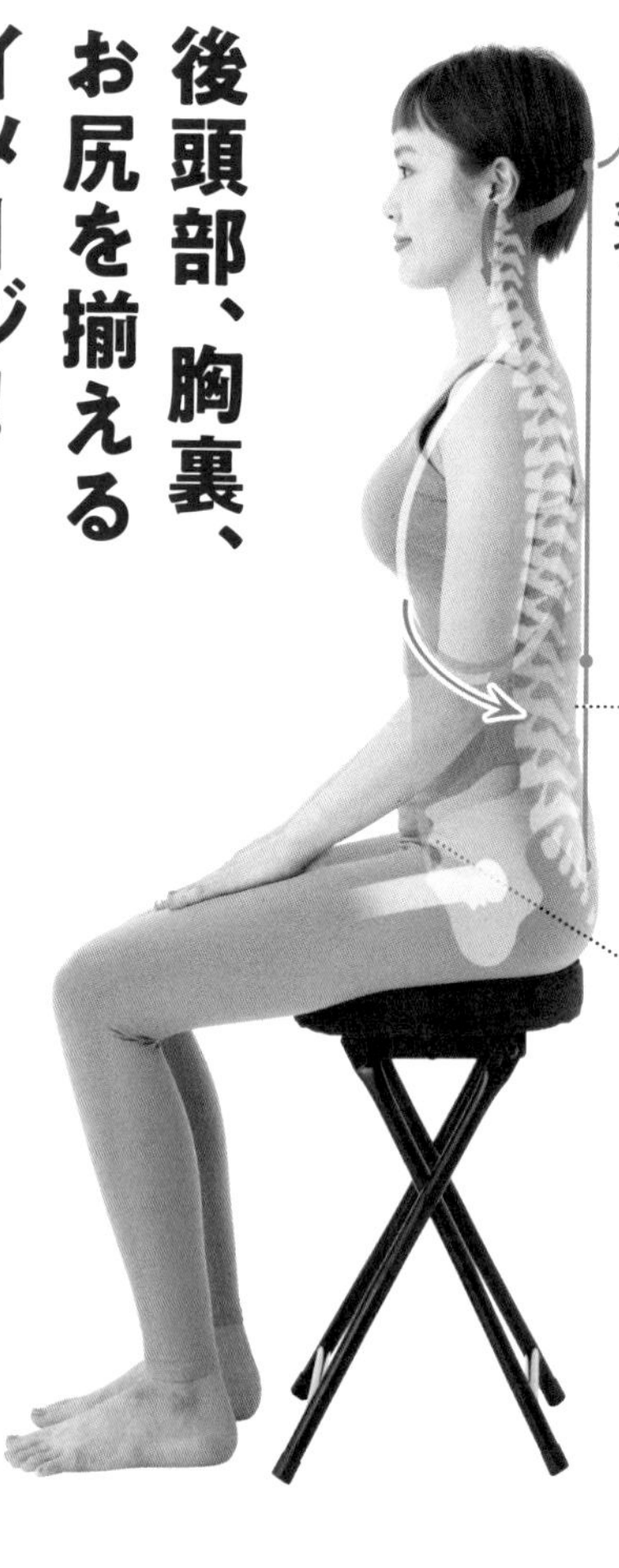
3つの点を
1本線に
腰には少しだけ
すき間ができる
脚の付け根が
ギュッとなる

3点意識で美しいS字カーブを知る

背骨はゆるやかなS字カーブを描くのが自然な状態。不良姿勢でカーブが崩れると、腰痛や肩コリなど、さまざまな不調が起こります。後頭下部、胸裏、お尻の3点を一直線にして座ると、キレイなS字を描けます。

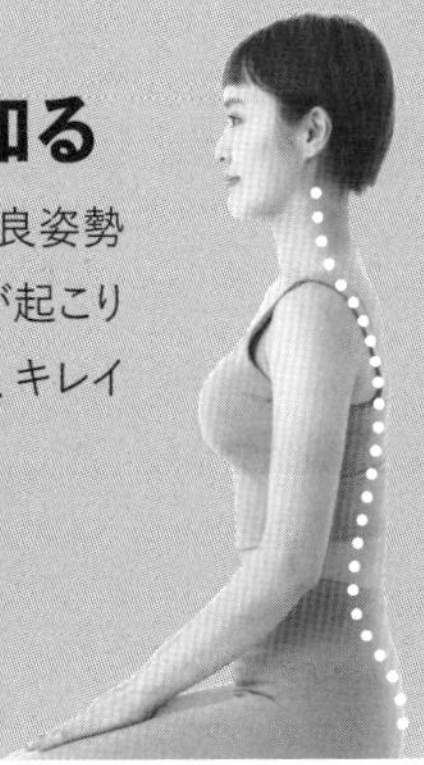

☒NG

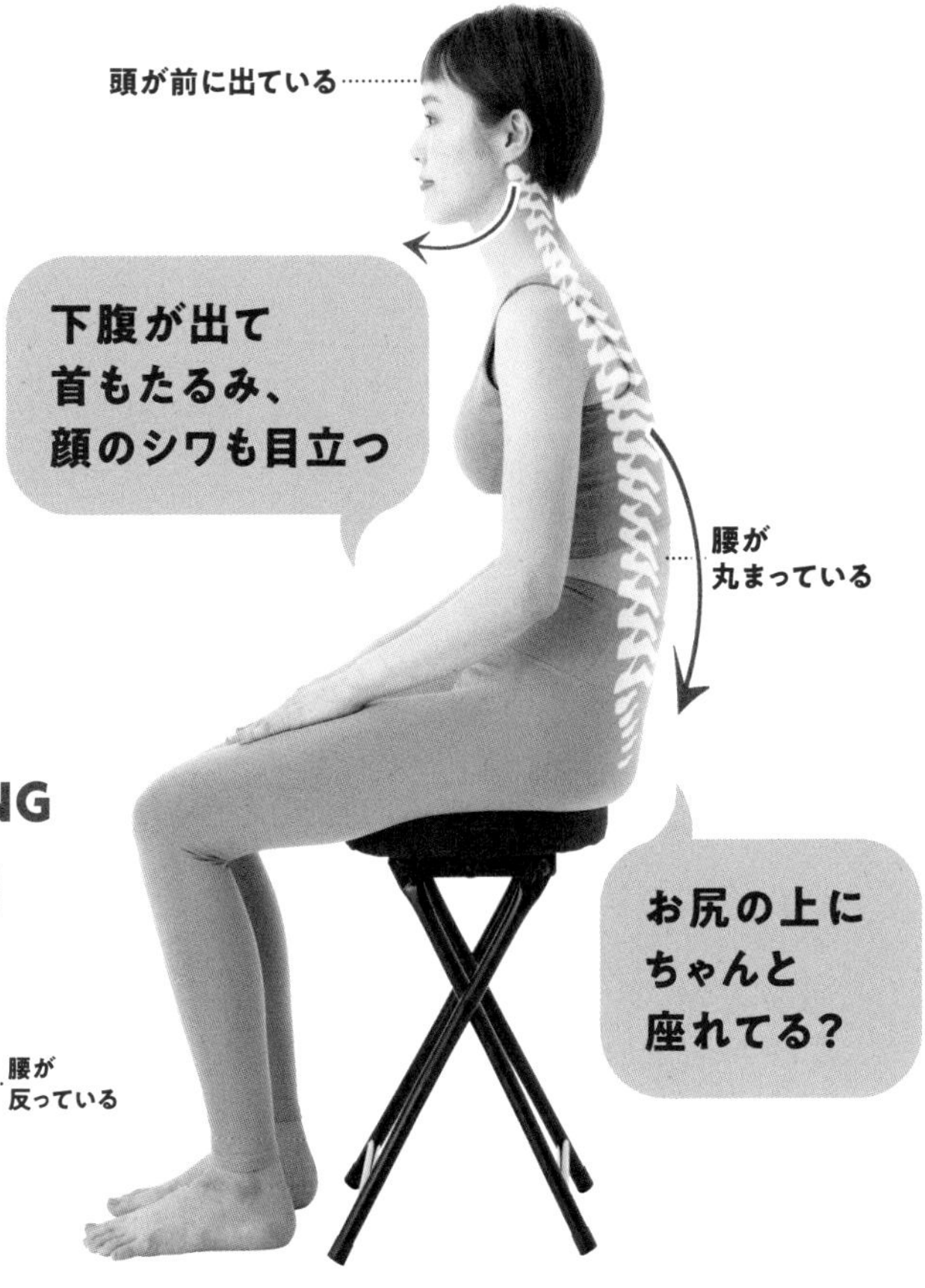
頭が前に出ている
下腹が出て首もたるみ、顔のシワも目立つ
腰が丸まっている
お尻の上にちゃんと座れてる？

☒これもNG

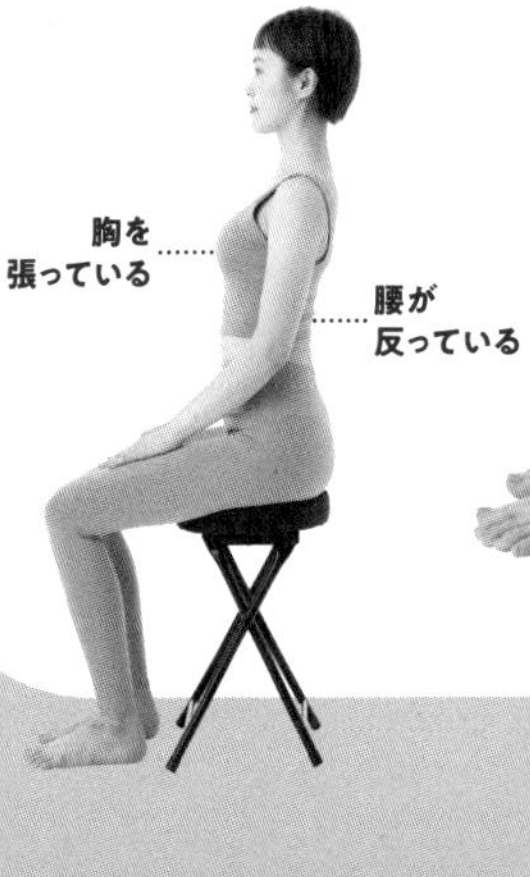
胸を張っている
腰が反っている

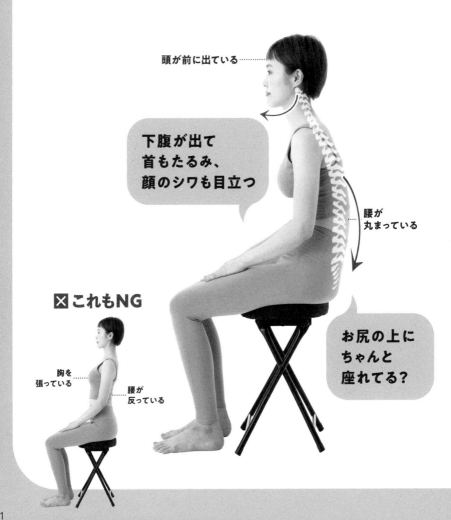

Aikotoba 06

ポッコリ下腹 二重あご が消える座り方

How to

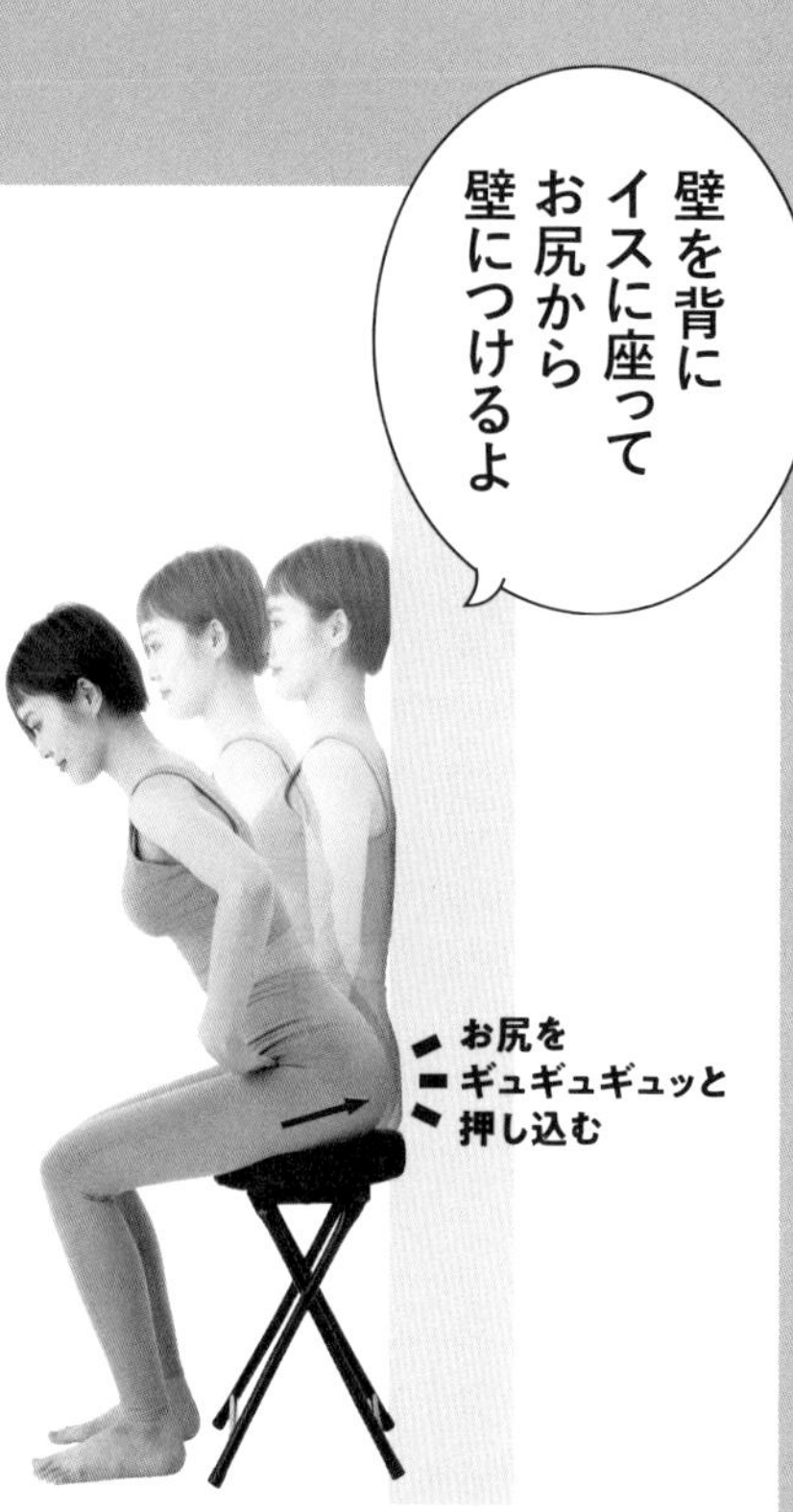
壁を背に
イスに座って
お尻から
壁につけるよ
お尻を
ギュギュギュッと
押し込む

お辞儀の姿勢でお尻を突き出し、お尻をしっかり壁に詰めて座る。

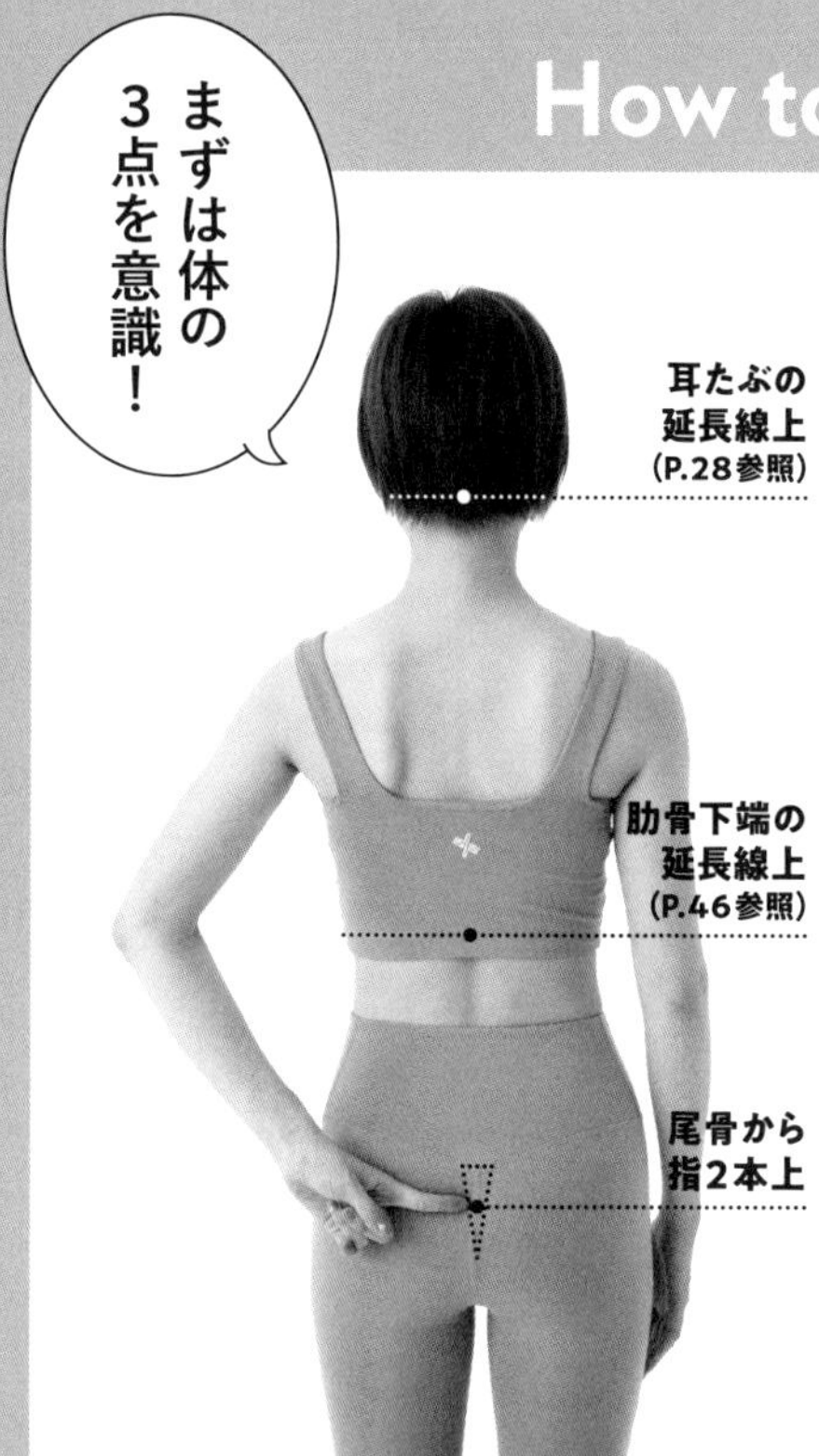
まずは体の
3点を意識！
耳たぶの
延長線上
(P.28参照)
肋骨下端の
延長線上
(P.46参照)
尾骨から
指2本上

S字カーブで重要な3点を確認する。耳たぶの延長線上の後頭下部、肋骨下端の延長線上の背骨、背骨を下にたどった最下部にある尾骨から指2本上を意識。

動画でCHECK

remember

美姿勢が身につく

合言葉

S字の背骨

壁なしでチャレンジ!
さらばポッコリお腹!
さらば腰痛!
脚の付け根に力が入る感覚があればOK

深呼吸をして吐く息で上に伸びる!
伸び～る
手のひら1枚前後

壁での練習で感覚がつかめたら、壁のないところで練習しよう。腹筋と脚の付け根に力が入る感覚があればOK!

最初に確認した3点を壁につける。壁と腰の間は手のひら1枚前後開ける。鼻から息を吸い、吐く息で上に伸びることを3回繰り返す。

胸下の背中側は壁につかなくてもOK!
壁へ寄せる意識を持ちましょう

感覚をつかめない人のための

S字の背骨チェック

Check 1

坐骨《ざこつ》に体重を乗せるイメージでイスに座る。坐骨の真上に耳たぶがあればOK。前後にずれている場合は、鏡を横目で見ながら調整を。

坐骨の真上に
耳たぶが
あればOK！

ココ！

坐骨の位置をチェック！

お尻に両手を当てて下からお肉をかき分ける。そのままお尻を突き出してお辞儀をすると手に当たる骨が坐骨。腰を反ると出てきて、丸めると引っ込むことを確認しよう。

正しい姿勢がわからないときは ポイントで確認

正しい姿勢がとれているか自信が持てないときは、ここで紹介するチェックポイントで確認しましょう。デスクワークの人は特に前傾姿勢になっていることが多いので、重心は気持ち後ろで整えるといいかも。横に鏡を置いて姿勢を確認しながら行いましょう。

Check 2

胸の下に手を当て、肋骨下部が床と垂直になっているかチェック。胸は張らず、ほんのり腹筋に力が入っていればOK。

肋骨下部が
まっすぐならOK！
お腹に力が入る

Check 3

あごはおでこと垂直にする。そのまま深呼吸をしながら上へ伸びる。あごが上がる人は1～2mmうなずいてみて。

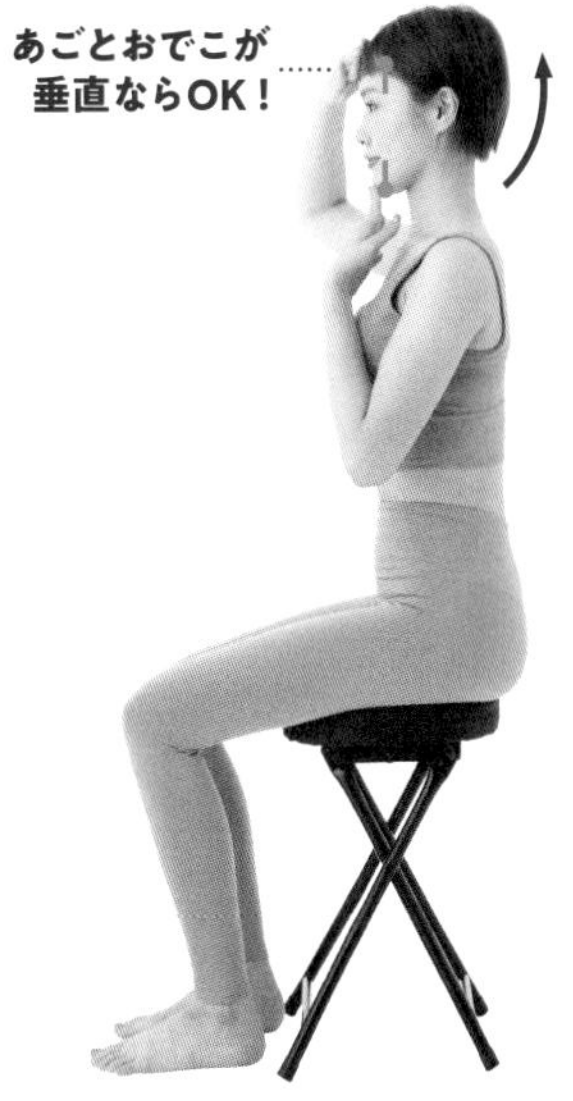
あごとおでこが
垂直ならOK！

Aikotoba 06

S字の背骨

体幹を引き締めるスイッチが入る!

合言葉をリマインド!

ーメイクをするとき

人の背骨はゆるやかなS字カーブを描いているのが自然な状態です。しかし、猫背などの悪い姿勢が続くと、S字カーブが崩れて腰痛や肩コリ、脊柱管狭窄症《せきちゅうかんきょうさくしょう》や腰椎椎間板《ようついついかんばん》ヘルニアといった痛みを伴う症状を引き起こしてしまいます。さらに、ポッコリお腹や二重あご、お尻のたるみといった体型の崩れにもつながります。「S字の背骨」ができるようになると、腰を立てる「脚の付け根の腸腰筋《ちょうようきん》」、あばらを立てる

合言葉をリマインド！

ごはんを食べるとき

3点をまっすぐにして伸びる！
ふ〜っ
ぐ〜っ

「腹筋」、うなじを引く「首の深層筋」、背骨を伸ばす「背筋」など、体幹の筋肉にセットでスイッチが入ります。腰が丸まりやすい人は、「お尻ぷりっ！」（88ページ参照）をチェック。

生まれつきの骨格や、硬さにより、胸下の背中や後頭下部が壁につかない人もいます。その場合、壁につかなくてもよいので、3点を壁へ寄せる「力の入り方」を意識して整えましょう。

メイク中やスマホを見るとき、ごはん中なども、S字の背骨を思い出すのにおすすめのシチュエーションです。ただし、どんなにいい姿勢でも、四六時中行うと筋肉や関節に負担がかかるので、やりすぎは禁物。**1回につき深呼吸5回程度、長時間イスに座る場合は、1時間に2〜3回を目安に行いましょう。**

Aikotoba 07

前ももの張りが消える足の使い方

○OK

remember
美姿勢が身につく
合言葉

真ん中より かかと寄り

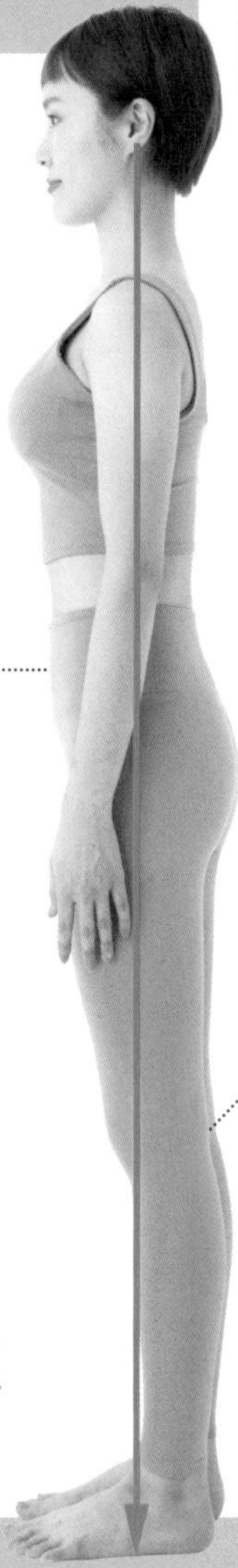

お腹にほんのり
力が入っている
ひざが1~2㎜
ゆるんでいる

耳たぶからの線が
足首の付け根へ
落ちるイメージ!

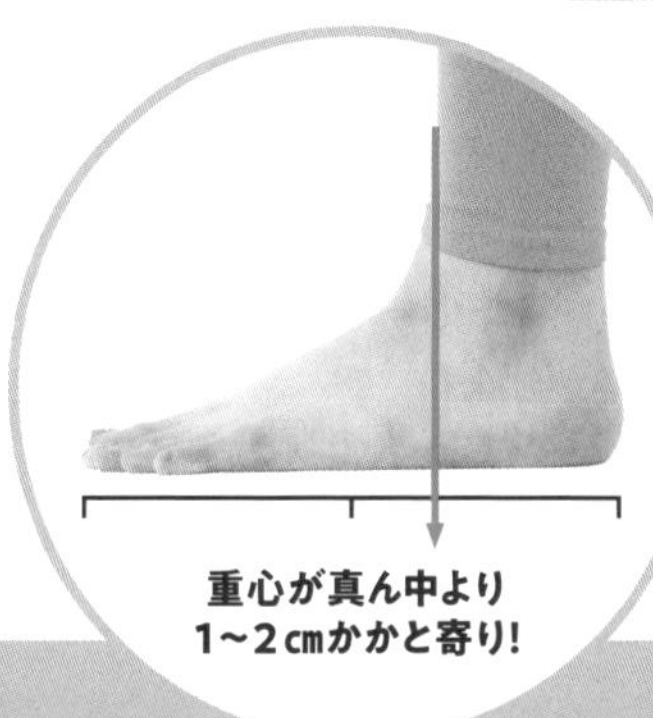

重心が真ん中より
1~2㎝かかと寄り!

足裏の圧感覚を鍛える

立ち姿勢でかかとやつま先重心になる原因の多くが足裏の圧感覚の鈍さです。足裏には無数の感覚センサーがあります（右図）。「やじろべえ」（P.80参照）の動きでセンサーを刺激し活性化しましょう。

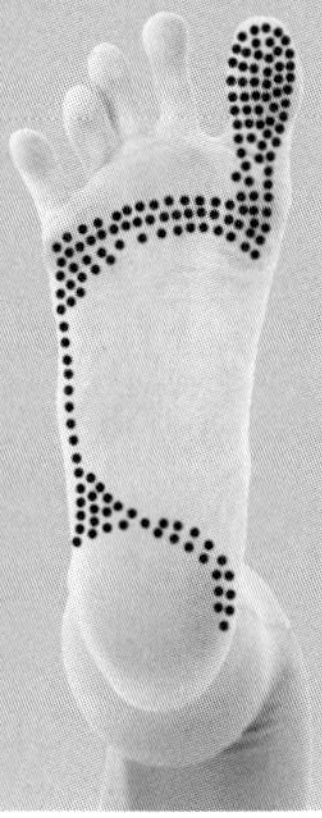

✕NG

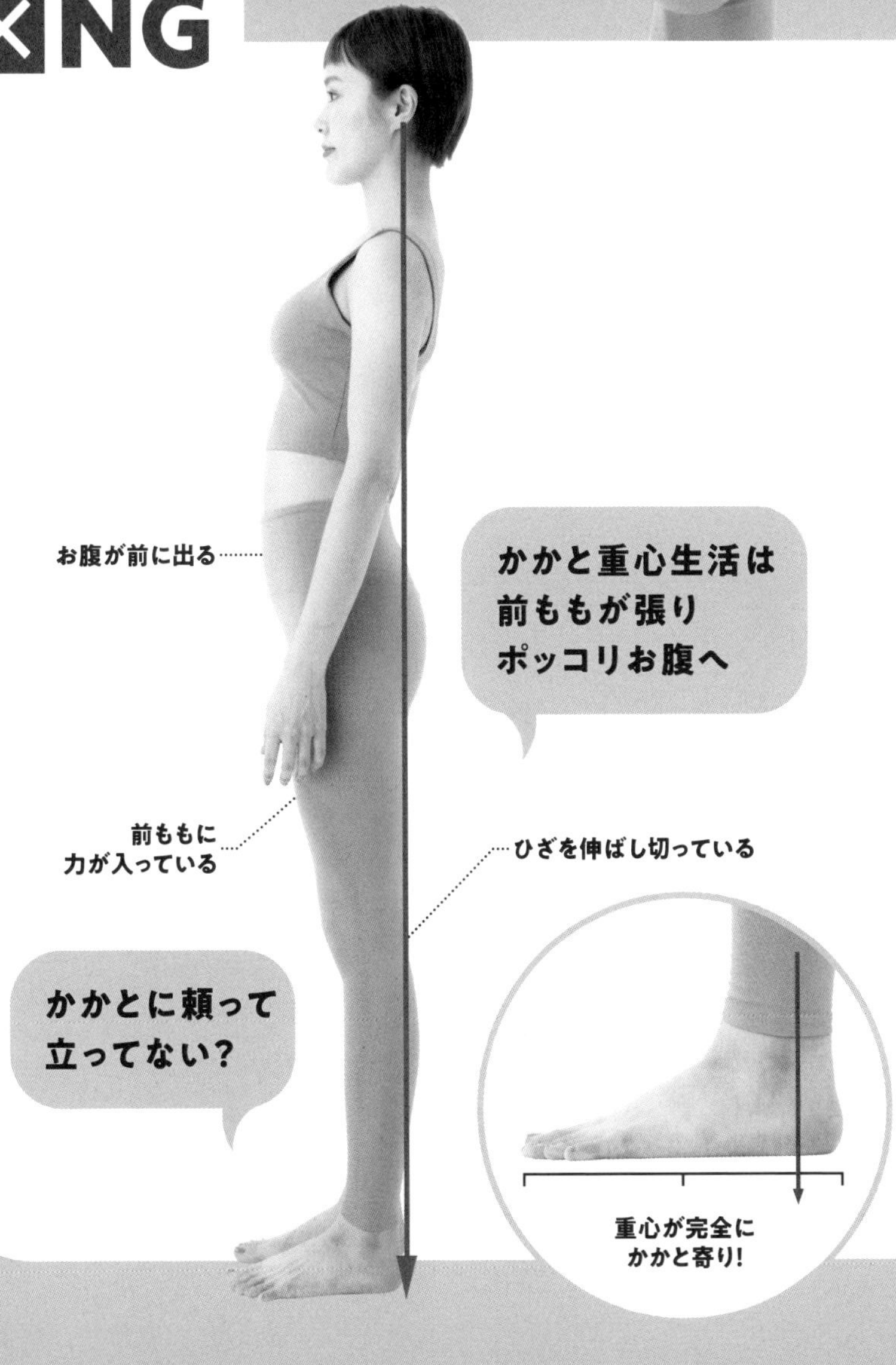

お腹が前に出る
かかと重心生活は
前ももが張り
ポッコリお腹へ
前ももに
力が入っている
ひざを伸ばし切っている
かかとに頼って
立ってない？
重心が完全に
かかと寄り！

Aikotoba 07

前ももの張りが消える足の使い方

How to

やじろべえを
イメージして
つま先に
重心移動！
ココに力が入る
感覚をインプット

つま先に重心を移動し、ふくらはぎとつま先に力が入っていることを確認。つま先重心のときの力の入り方を脳に記憶して。

足指を
開いて立つよ
体重がどこに
かかっているか
チェックして！
コッチ？
コッチ？

まずは自分の重心の位置を確認。足指を開いて立ち、足裏のどのあたりに重心がかかっているかをチェックする。

動画でCHECK

remember

美姿勢が身につく

合言葉

真ん中よりかかと寄り

中心に戻ったら
1～2㎝
かかと寄りへ
足裏全体で
立てたらOK！

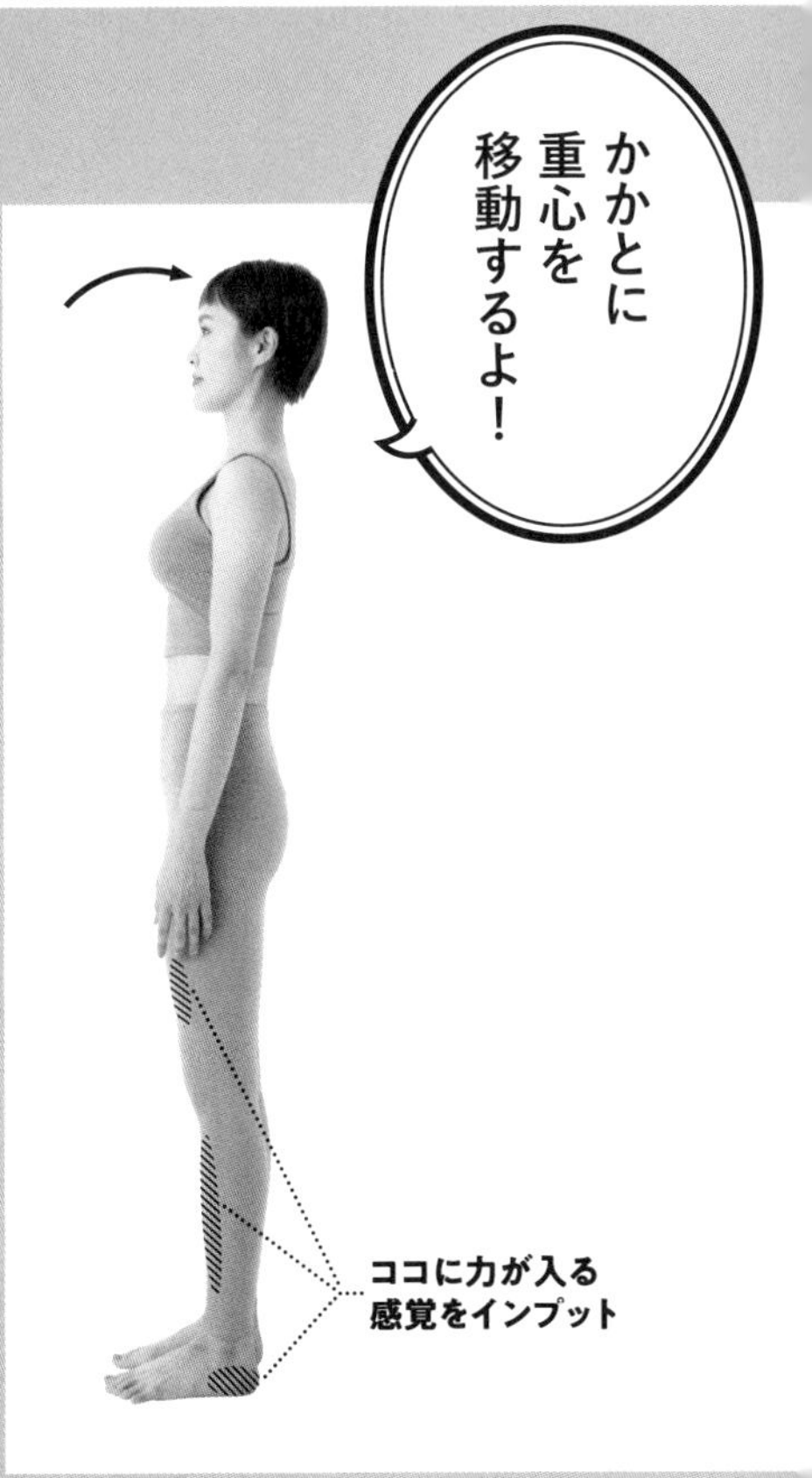
かかとに
重心を
移動するよ！
ココに力が入る
感覚をインプット

足裏の中心に重心を戻し、1～2cmかかと寄りに重心を移動する。吐く息でうなじを伸ばそう。全身がゆるむ感覚があればOK！

かかとに重心を移動し、すねとかかと、前ももに力が入っていることを確認。かかと重心のときの力の入り方を確認し、脳に記憶して。

足指を開くのがむずかしい人は「親指、小指ガバッ!」（P.52参照）**をチェック!**

感覚をつかめない人のための

ひざの使い方チェック

Check

足幅こぶし1つぶん開いて立つ。思い切りひざを突っ張り、1～2mmほどゆるめる。

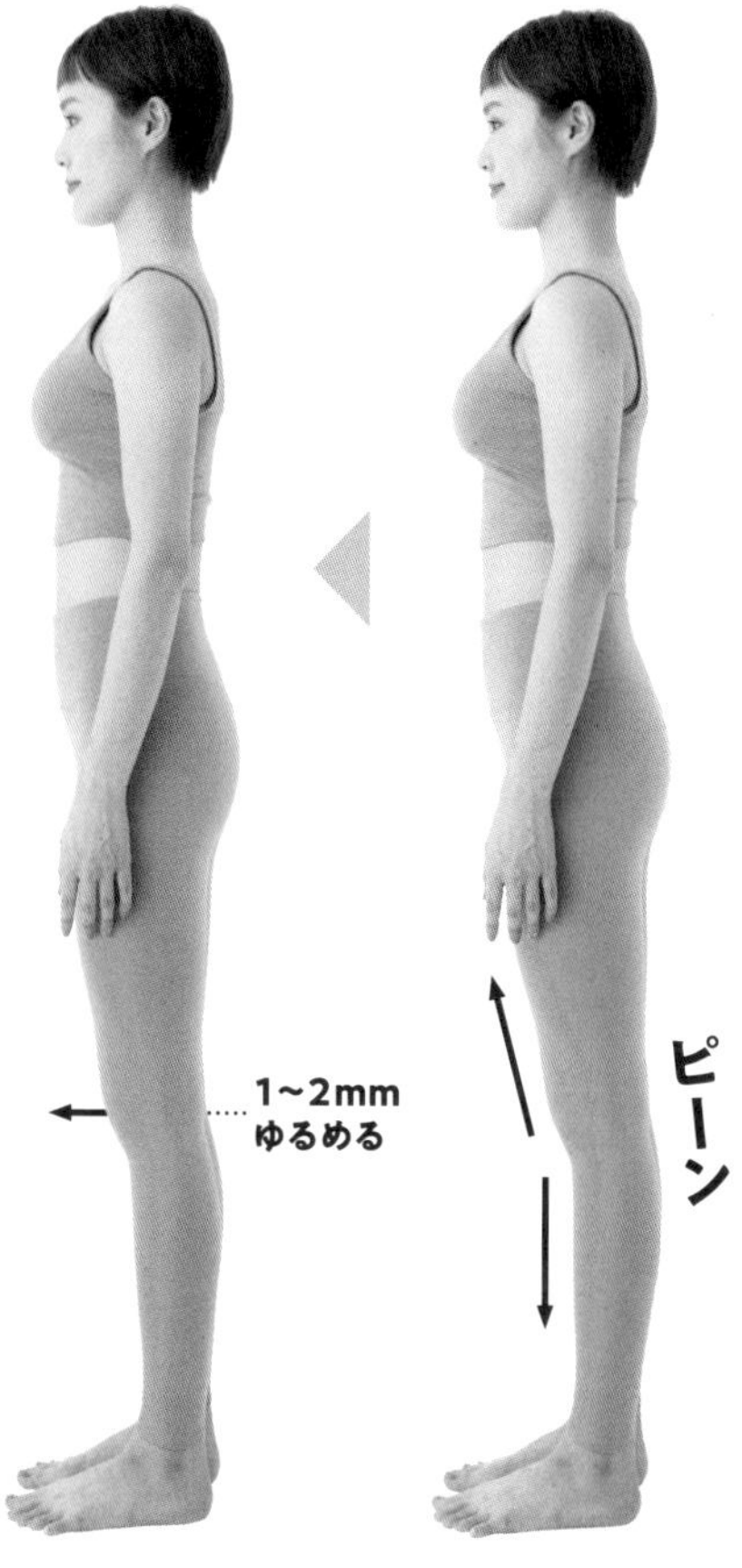

ココを使う!

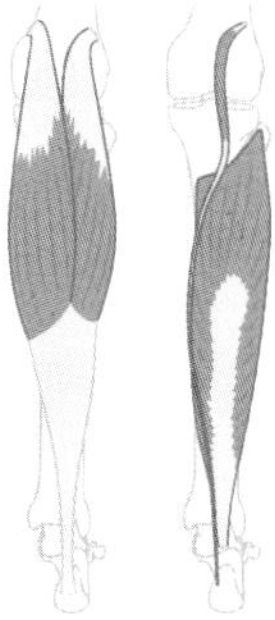

ひざが軽くゆるむと足裏からふくらはぎを使える

ひざの使い方チェックで、立つ姿勢がぐらぐら不安定に感じる人は、普段からひざを伸ばしすぎかもしれません。ひざを軽くゆるめると、ふくらはぎから足裏の筋肉をじわじわと使えます。

×NG

前ももが張るのはNG

前ももにグッと力が入ったときは、ひざの曲げすぎ、伸ばしすぎ、またはかかと重心になっている証拠。前ももが力まないのを目安に調整しましょう。

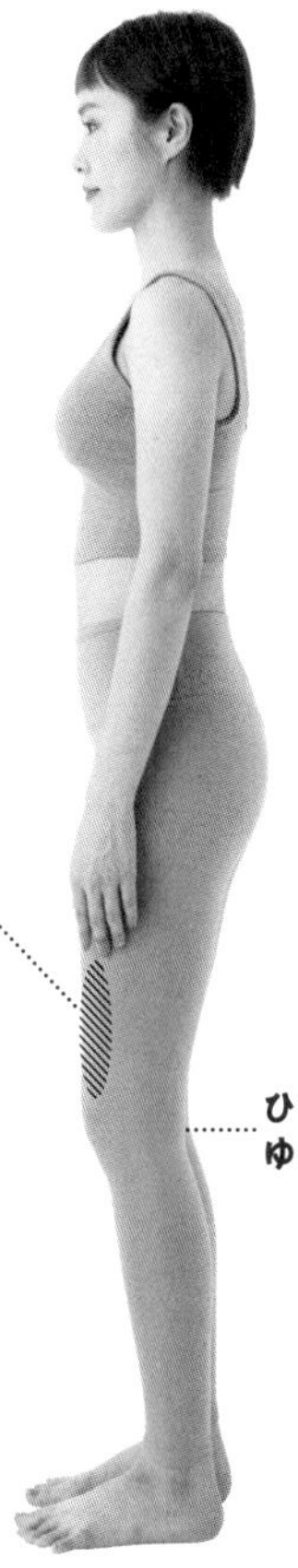
前ももが
張るのはNG
ひざを
ゆるめすぎている

感覚をつかめない人のための

足指チェック

Check 1

足裏の重心を真ん中よりかかと寄りにし、首だけを曲げて足元を見る。お腹が邪魔をして足指が見えにくい人は、お腹が前にずれている証拠。お腹を引いて、足指が見えればOK。そのお腹の位置のまま、足裏重心を調整する。

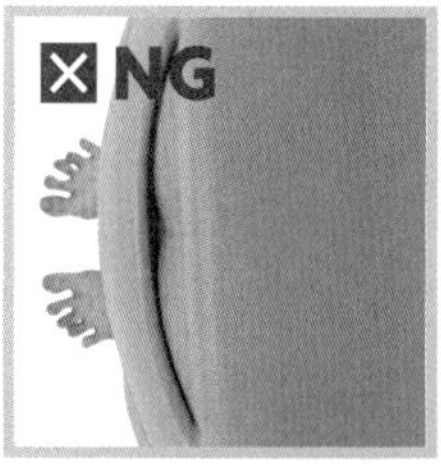

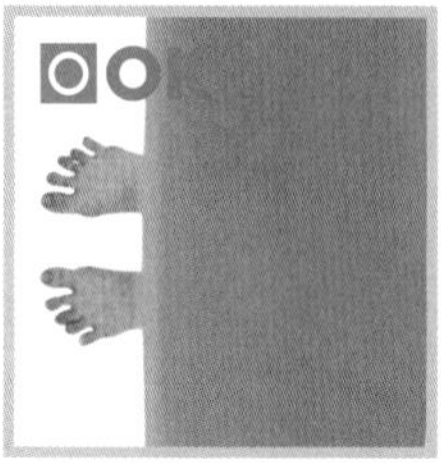

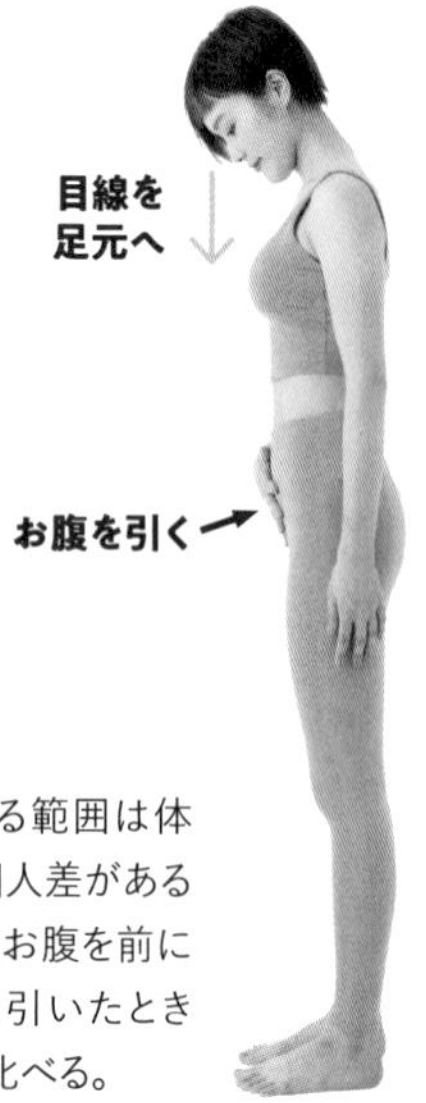

足指が見える範囲は体型によって個人差があるため、わざとお腹を前に出したときと引いたときの違いを見比べる。

お腹が前に出る＆上半身が傾く姿勢は足裏の重心が不安定に

お腹が前に出た状態で上半身が傾いている姿勢を「スウェイバック」と言います。その場合、「真ん中よりかかと寄り」がうまくできていても、前ももに力が入ったり、お腹に自然と力が入る感覚がわからなかったりします。以下の2つをチェックしてみましょう。

Check 2

Check 1で足指が見えにくかった人は、上半身が後ろに倒れた姿勢を脳が「まっすぐ」と認識している可能性大。5度お辞儀をするとまっすぐになる。前ももに入っていた力が抜け、股関節がゆるんだ感覚があればOK。

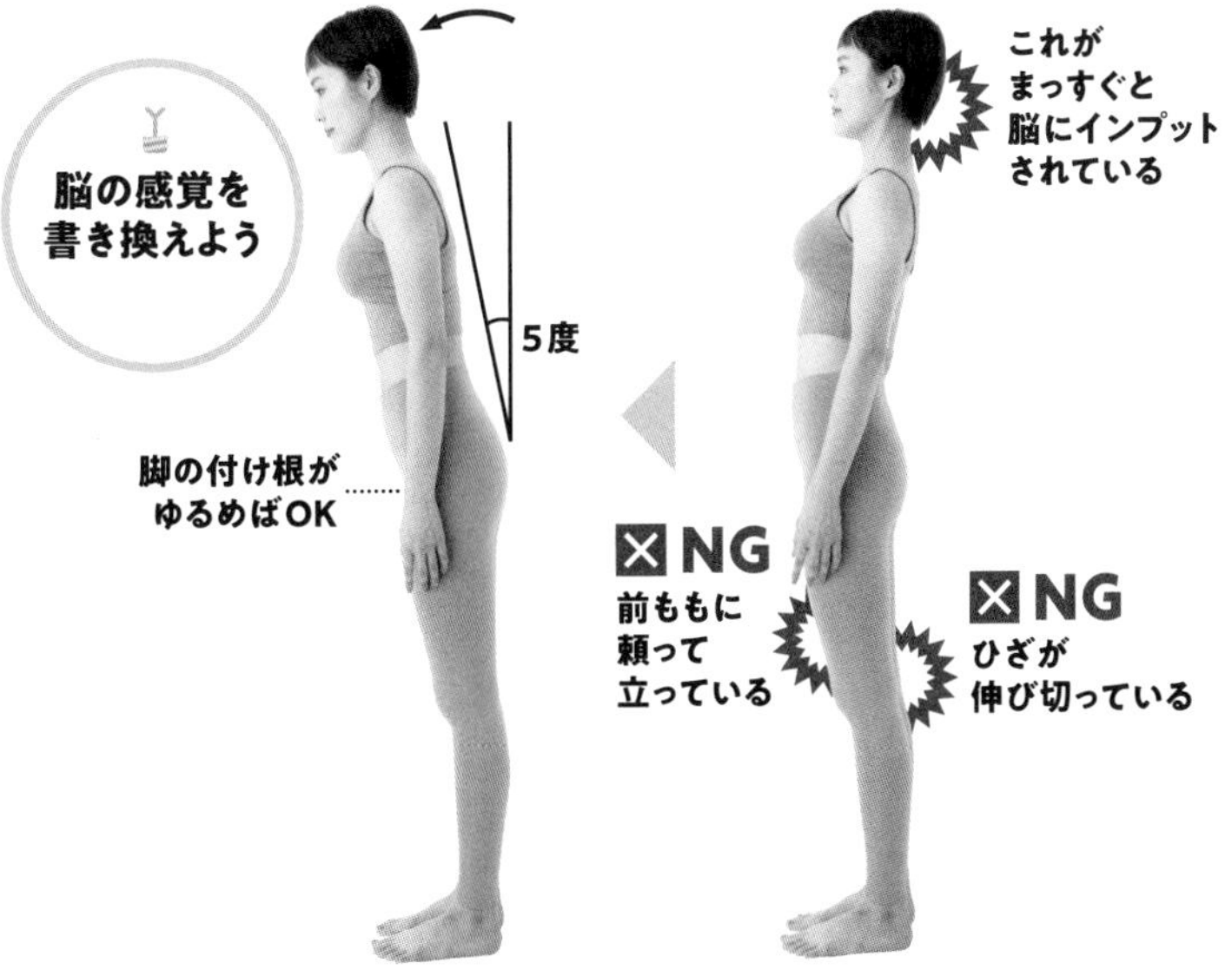

脳の感覚を
書き換えよう
5度
脚の付け根が
ゆるめばOK
これが
まっすぐと
脳にインプット
されている
NG
前ももに
頼って
立っている
NG
ひざが
伸び切っている

Aikotoba 07

真ん中よりかかと寄り

足裏の感覚はやせの軸と言っても過言ではない

合言葉をリマインド!

ー料理をするとき

立ち姿勢の軸になるのが「足裏の重心」です。理想の重心の位置は足裏の真ん中より1〜2㎝かかと寄り。自然と背筋が伸びて背骨のS字カーブも整います。**重心が前後に偏ると、ひざや股関節で体重を支えることになり、体重を支えている場所に負荷がかかって痛みなどが出てしまいます。**そのまま高齢になると転びやすくなり、骨折、介護生活という流れになることもあります。これらの原因の1つは足裏の感

合言葉

をリマインド!

― 立ち仕事をするとき

覚の鈍さです。例えば、重心が後ろに偏っている人は前ももに必要以上に力が入り、前ももの筋肉が張り出してがっちりとします。

お腹が前にある姿勢が習慣の人は、それが「まっすぐ」だと脳にインプットされているので、まっすぐに立っているつもりなのに上半身が後ろに傾いていることがよくあります。キッチンでお腹をシンクに当てる人が代表格です。

「真ん中よりかかと寄り」の合言葉を繰り返し行っているうちに、足裏の感覚がよみがえり、重心の感覚もつかめるようになるはずです。そうして足裏の重心を整えるだけでも、太ももの張りがとれてスッキリする可能性大。脚全体の筋肉もバランスよく使われるようになり、すらりとした美脚に近づきます。

Aikotoba 08

垂れたお尻が締まる物の拾い方

OK

remember
美姿勢が身につく
合言葉

お尻ぷりっ！

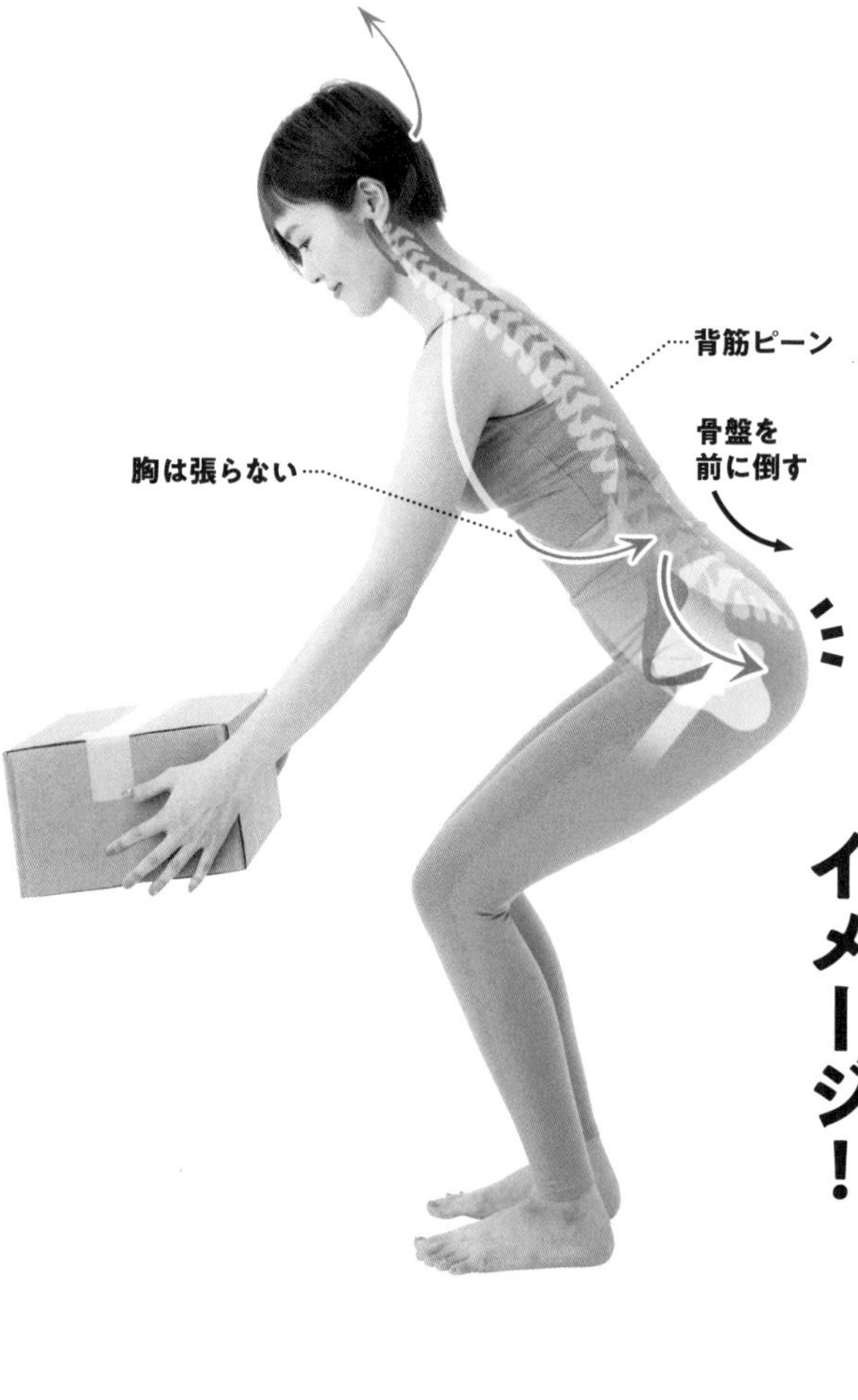

お尻を後ろに突き出すイメージ！

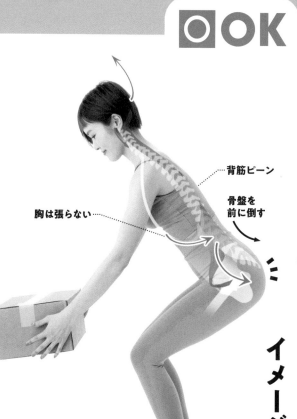

ココを支点に曲げる

股関節からお辞儀

物を拾うときに腰が曲がる人は腰痛予備軍！ お尻の筋肉が使われないので、ペタンコの垂れ尻の原因にもなります。お尻を突き出すと、脚の付け根から曲げられます。胸を張らないのもポイント！

✕NG

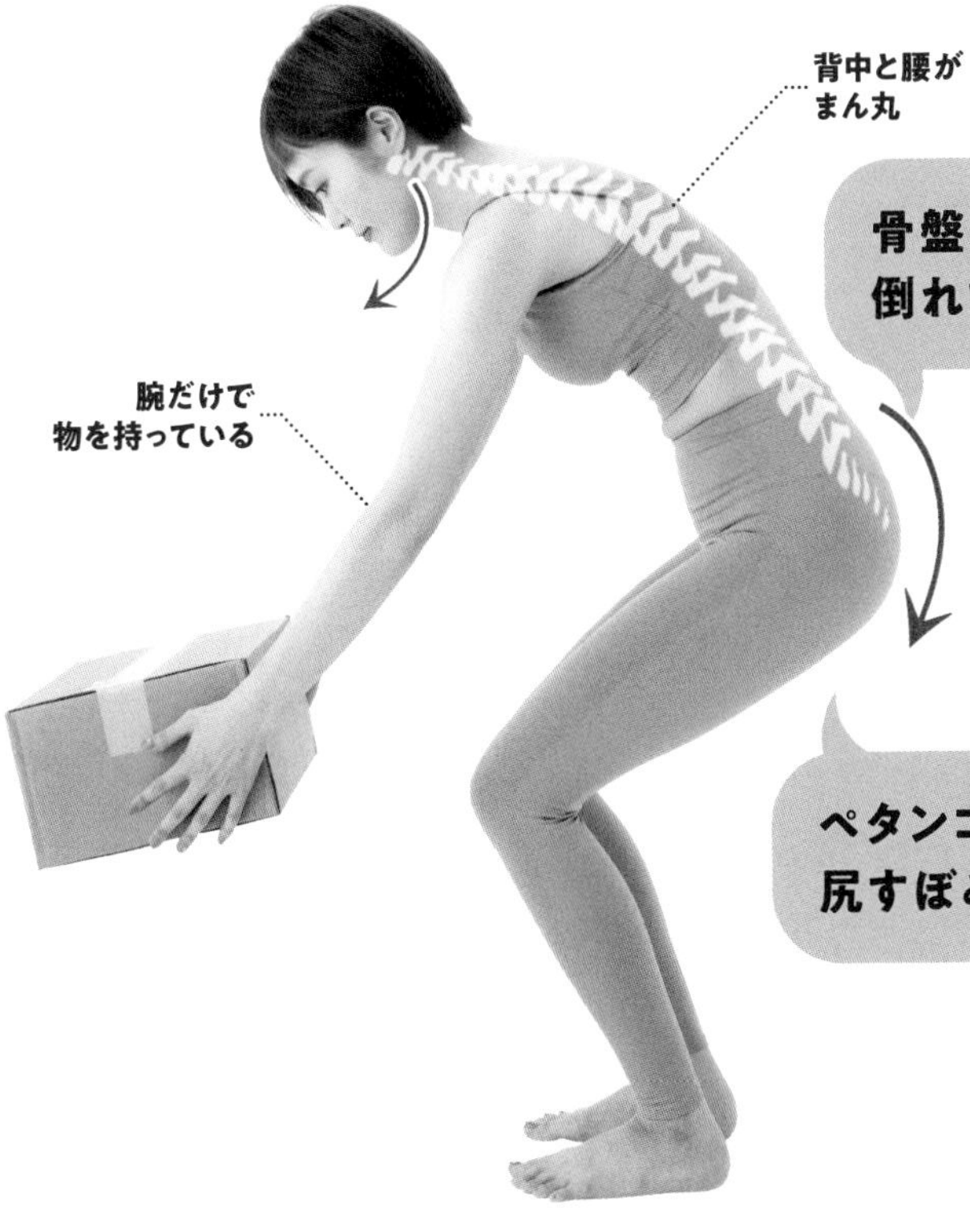
背中と腰が
まん丸
腕だけで
物を持っている
骨盤、後ろに
倒れてない？
ペタンコの
尻すぼみボディに

Aikotoba 08

垂れたお尻が締まる物の拾い方

How to

ひざを曲げて床に手を伸ばすよ
上下に伸ばす
ぷりっ！

姿勢をキープしたまま、手を伸ばして物を拾う。手が届かなければひざと股関節をさらに曲げる。もも裏が伸びる感覚があればOK。このときも、「お尻ぷりっ」の力は入れたまま行う。

お尻をぷりっとさせてスクワットの姿勢をとる
ぷりっ！

背筋を伸ばし、コマネチラインの端に指4本を当てる。指を挟み込むようにお尻を突き出す。下腹とコマネチラインを折りたたむイメージ。胸を張らないように注意して。

動画でCHECK

remember

美姿勢が身につく

合言葉

お尻ぷりっ!

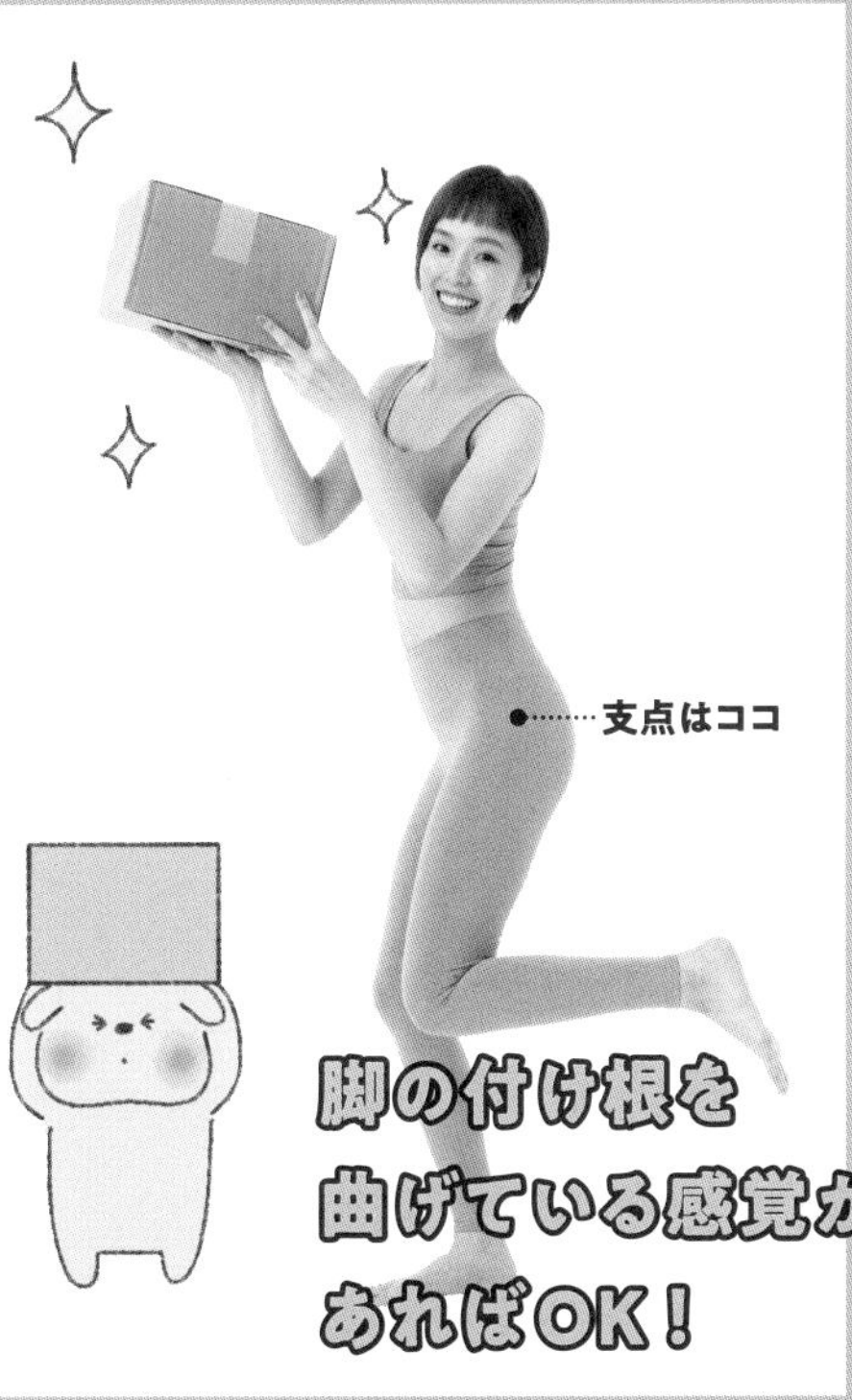
支点はココ
脚の付け根を
曲げている感覚が
あればOK!

できる人は頭を落として前屈までしちゃおう!
お尻はぷりのまま!
ココが伸びる
ひざを伸ばす

そのまま立ち上がろう。腰よりも脚の付け根を曲げる感覚があればOK。

余裕があれば、そのまま頭を下げてひざを伸ばし、前屈するようにもも裏をストレッチ。ひざは伸び切らなくてもOK。

脚の付け根を曲げる感覚がつかみにくい人は、ぷりトレ(P.92参照)からチャレンジ!

感覚をつかめない人のための

ぷりトレ

Step 1

背もたれのあるイスを用意。両手の指先をコマネチライン（脚の付け根）の端に当てる。手を挟み込むようにお尻を突き出す。ひざも曲げてOK。

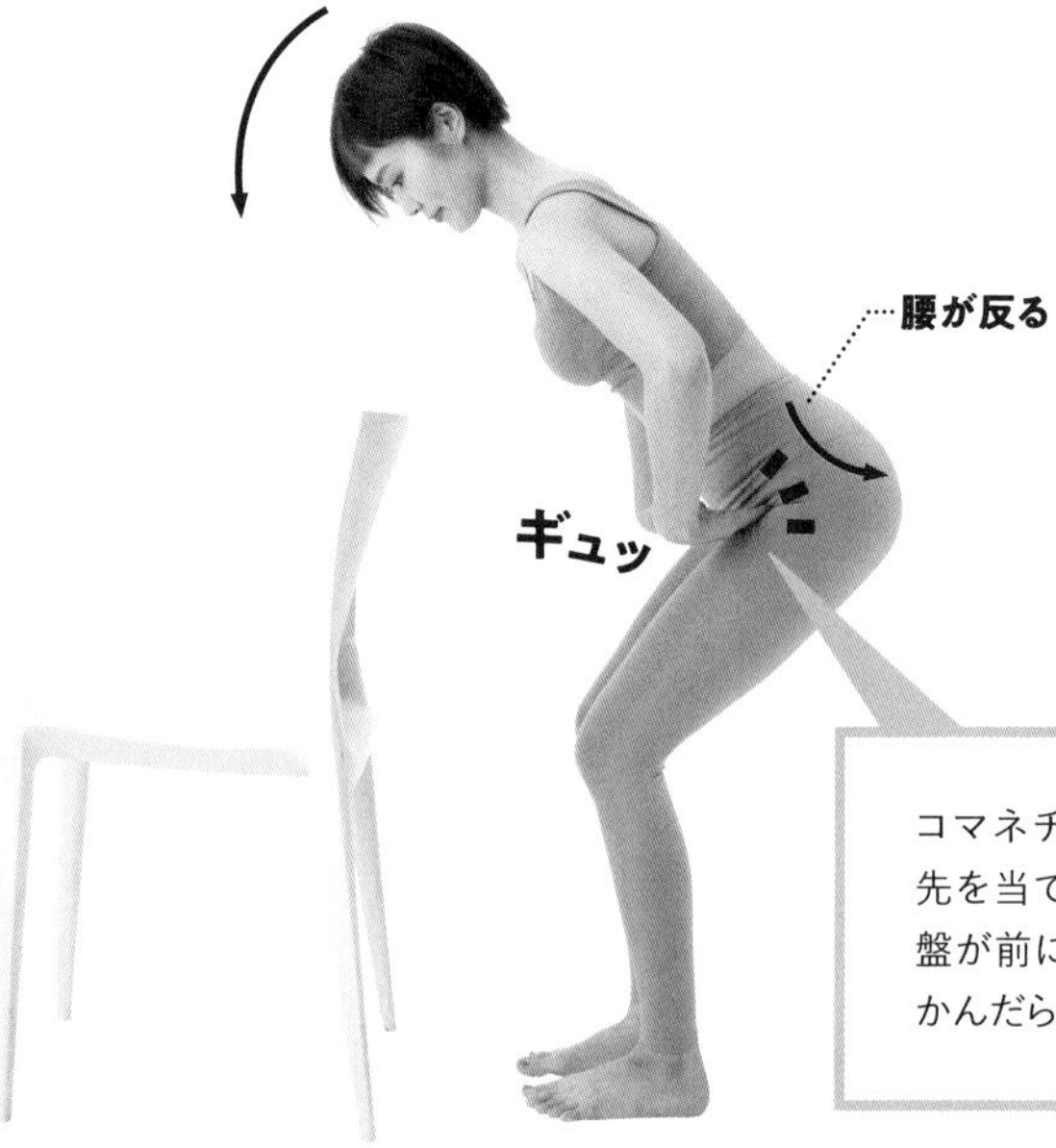

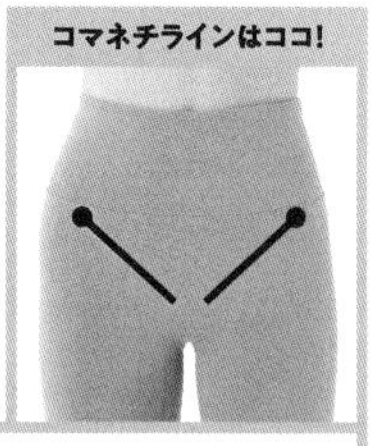

コマネチラインの端に指先を当てて挟み込む。骨盤が前に倒れる感覚をつかんだら、手は外してOK。

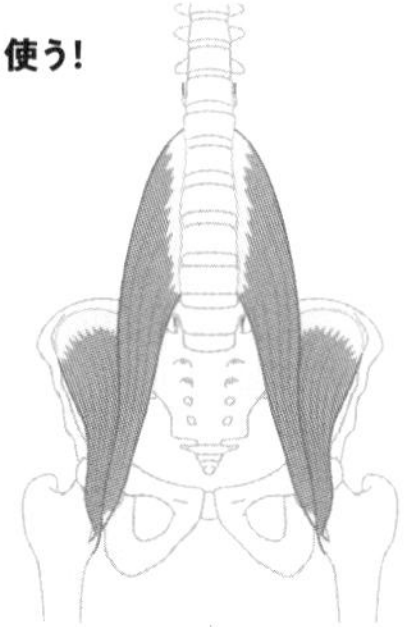

腸腰筋の
使い方をクセづけ

お尻をぷりっとする感覚がわからない人は、腰と脚の付け根をつないでいる腸腰筋の筋力が弱いのかもしれません。「ぷりトレ」で腸腰筋を鍛えましょう。もも裏のストレッチにもなるので一石二鳥!

Step 2

脚を1歩ぶん前後に開き、手はイスの背に軽く置く。背筋は伸ばしたまま、お尻を後ろに突き出しながらお辞儀をして30秒キープ。もも裏の伸びを感じる。

30秒キープ

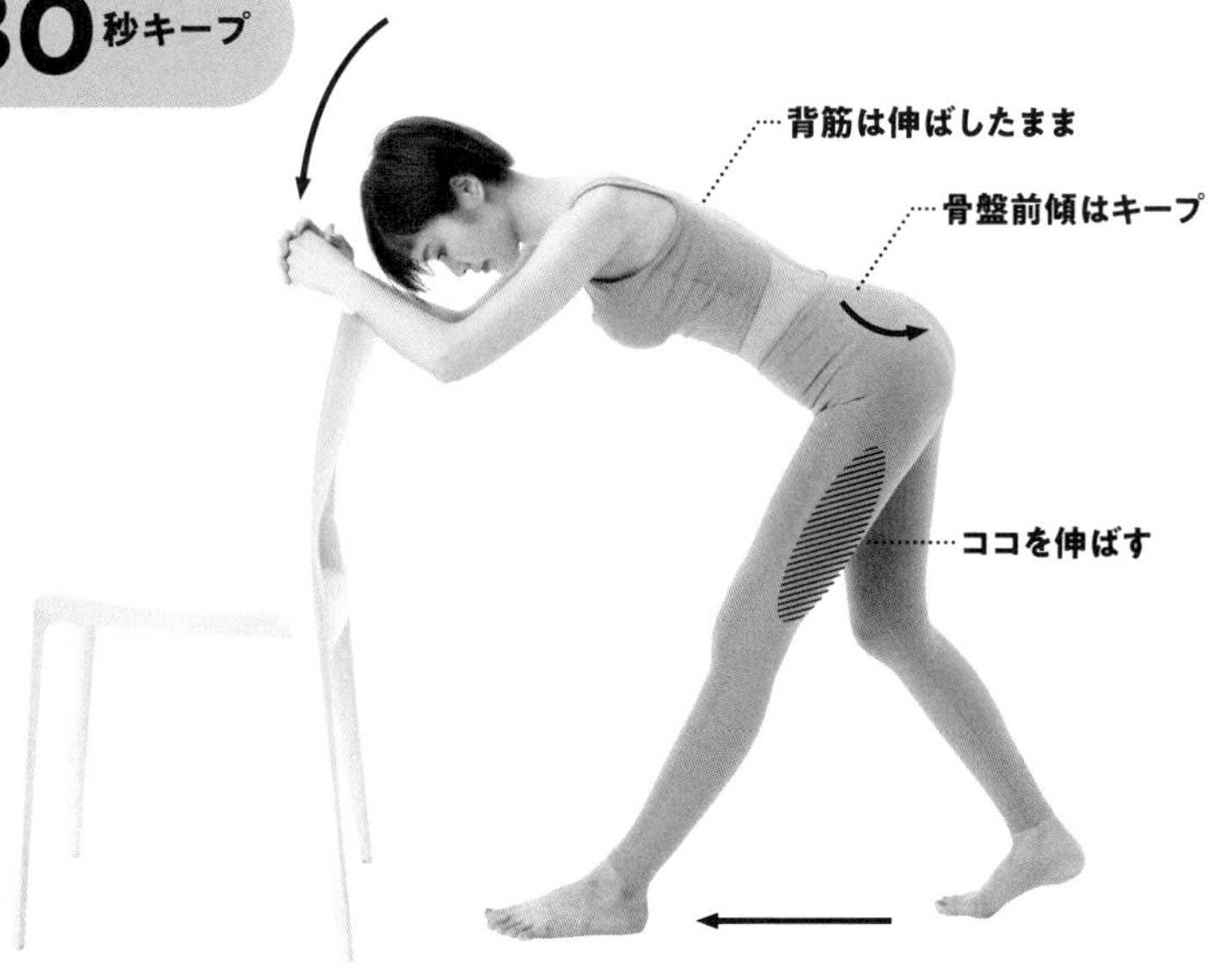

Aikotoba 08

お尻ぷりっ！

股関節を使えると丸まった腰が伸びる

合言葉 をリマインド！

― 洗濯物を干すとき

背筋を伸ばして、お尻をぷりっと突き出す！

ポッコリ下腹や、前ももの張り、垂れ下がったお尻に悩んでいる人は股関節を使えていない可能性大。腰が曲がりやすい人は、デスクワークや猫背、加齢による筋力低下などによって腰痛を起こしやすくなります。

腰を丸めるクセの大きな理由の1つが、腸腰筋を使えていないことです。

腸腰筋は、腰と脚の付け根をつないでいて、腰を反り、股関節を曲げる作用があります。い

お尻はぷりっと。
でも胸は張らない！

合言葉をリマインド！

デスクワークのとき

わゆる「お尻ぷりっ筋」です。余裕がある人は、「お尻ぷりっ！」と「胸は張らない」（44ページ参照）を組み合わせて実践してみましょう。**腸腰筋だけでなく腹筋にも力が入るため、腰痛予防や、お腹の引き締めも期待できます。**

腰を丸めてスクワットの姿勢をとると、前ももの筋肉を強めに使います。お尻をぷりっとさせると、お尻やもも裏の筋肉にも補助的に力が入るため、前ももの張りを軽減できます。「お尻ぷりっ！」は、デスクワーク中もおすすめです。ずっと力を入れると腰に負担がかかるので、姿勢を正すときだけやってみましょう。

股関節に疾患がある人や反り腰の人は、お尻をぷりっとさせないほうがいい場合もあります。痛みや違和感のある場合は控えましょう。

Aikotoba 09

背中・お腹のたるみが消える伸び方

OK

remember

美姿勢が身につく

合言葉

マンゴーむにゅっ

マンゴーの切り込みの上側をオープンするイメージ！

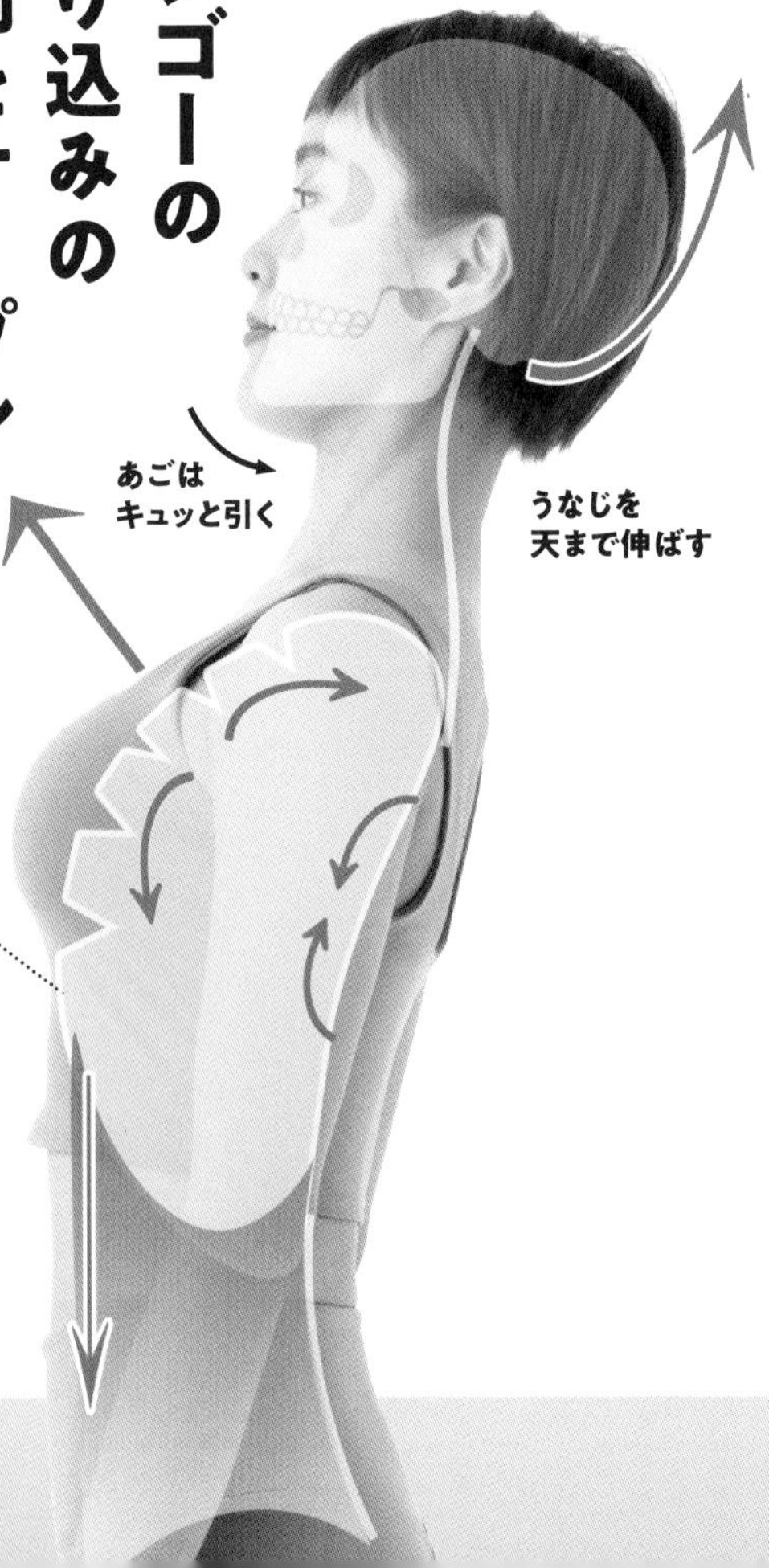

あごはキュッと引く
うなじを天まで伸ばす
胸は張らない

果肉を押し出すように背骨を反る

首と腰の間にある胸椎《きょうつい》という背骨の硬さや、胸椎を動かす筋力の衰えにより、肩コリや腰痛、背中、お腹のたるみを招きます。胸椎を使いこなす合言葉は「マンゴーむにゅっ」。反るときの背中を皮、胸前を果肉と思ってしならせてみましょう。

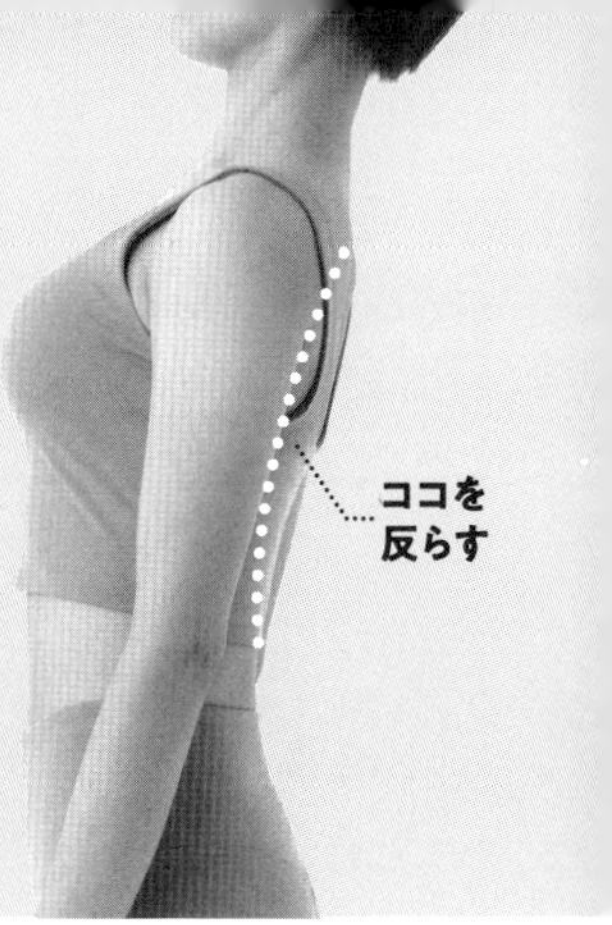
ココを
反らす

✕NG

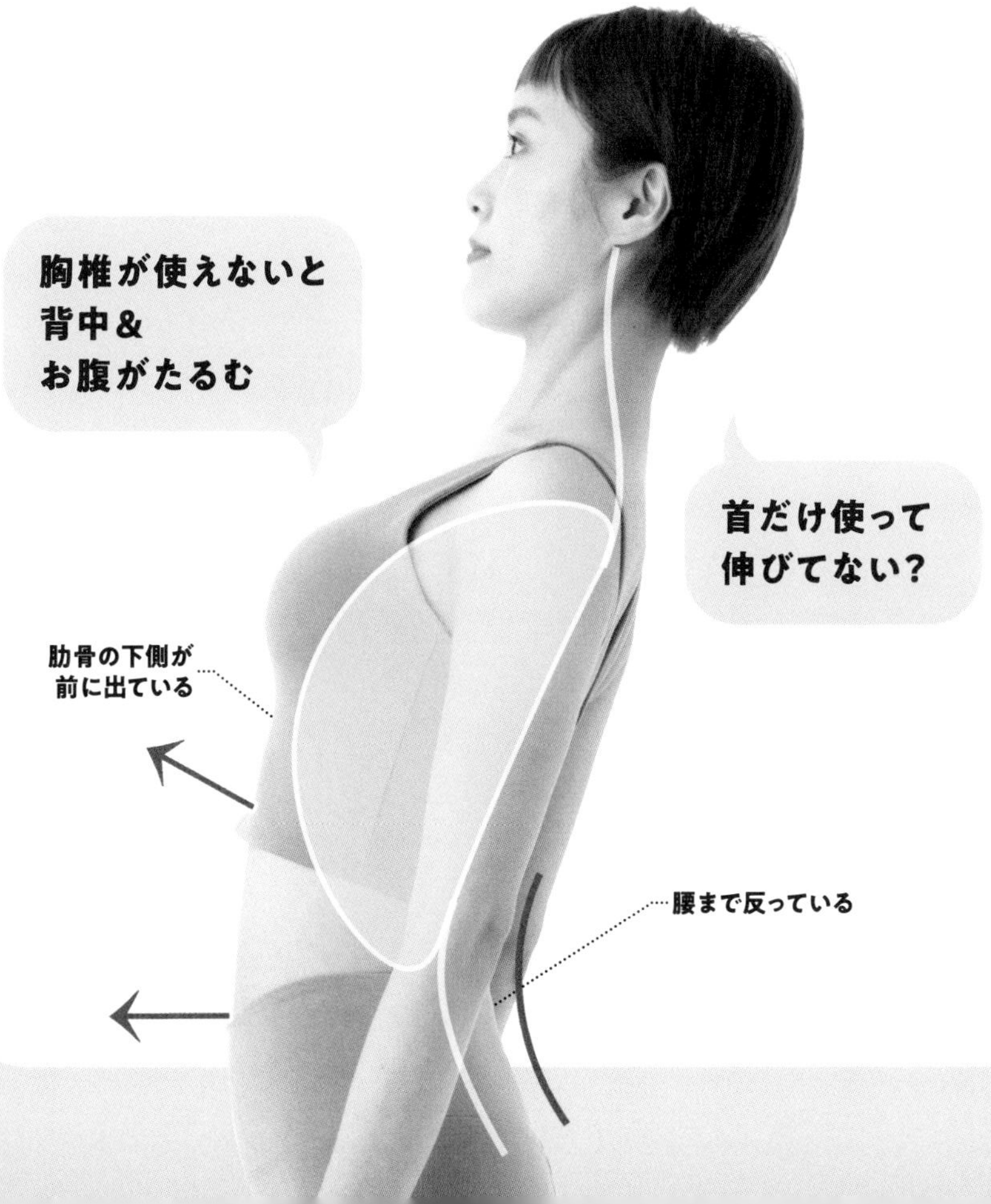
胸椎が使えないと
背中&
お腹がたるむ
首だけ使って
伸びてない?
肋骨の下側が
前に出ている
腰まで反っている

Aikotoba 09

背中・お腹のたるみが消える伸び方

How to

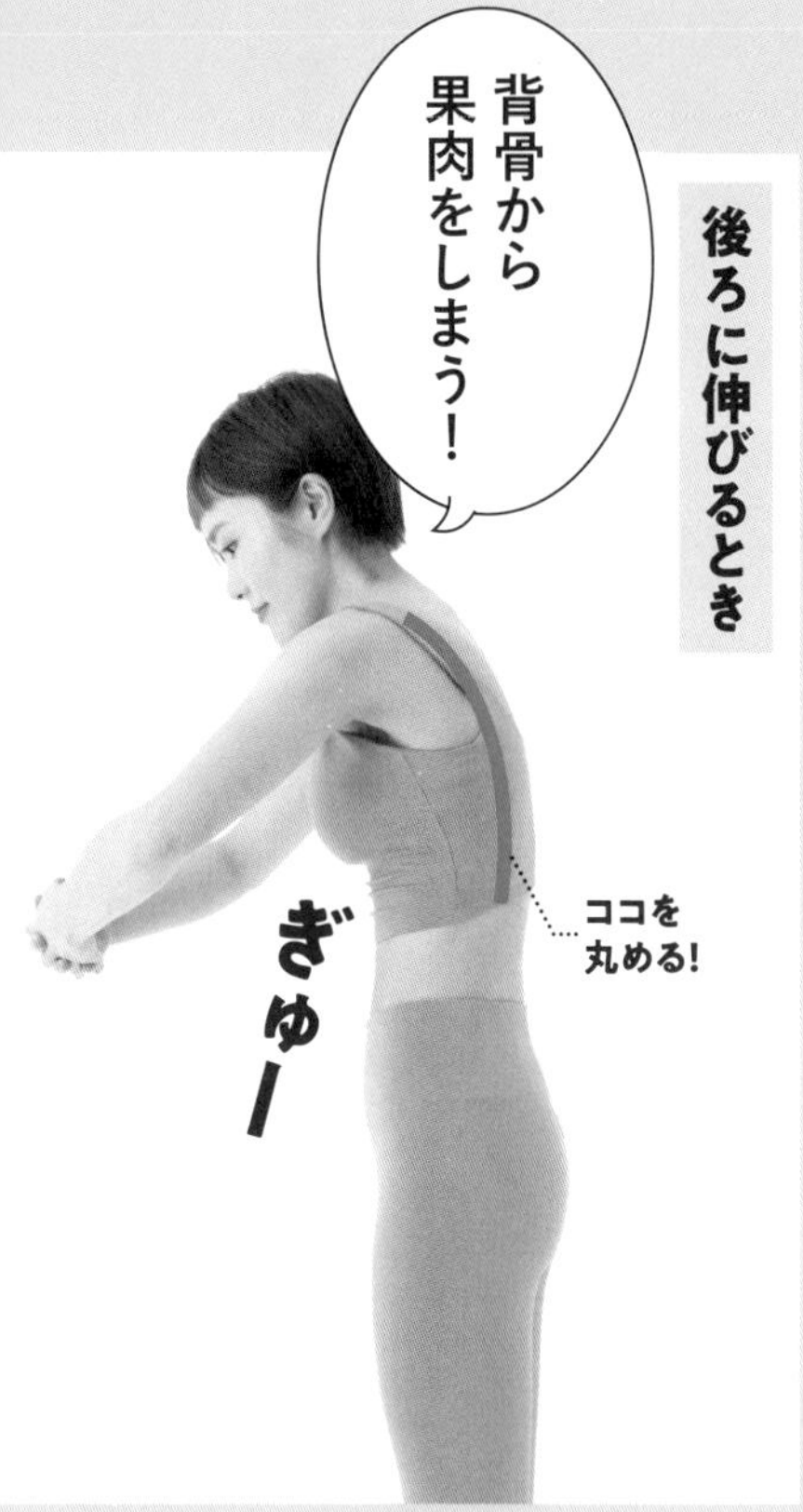

後ろに伸びるとき
背骨から果肉をしまう！
ぎゅー
ココを丸める！

両手を体の前で組み、マンゴーの果肉をしまうイメージで背骨（胸椎）を丸める。「あばら立てトレ」（P.48参照）と同じ力の入れ方で行う（前傾姿勢でもOK）。

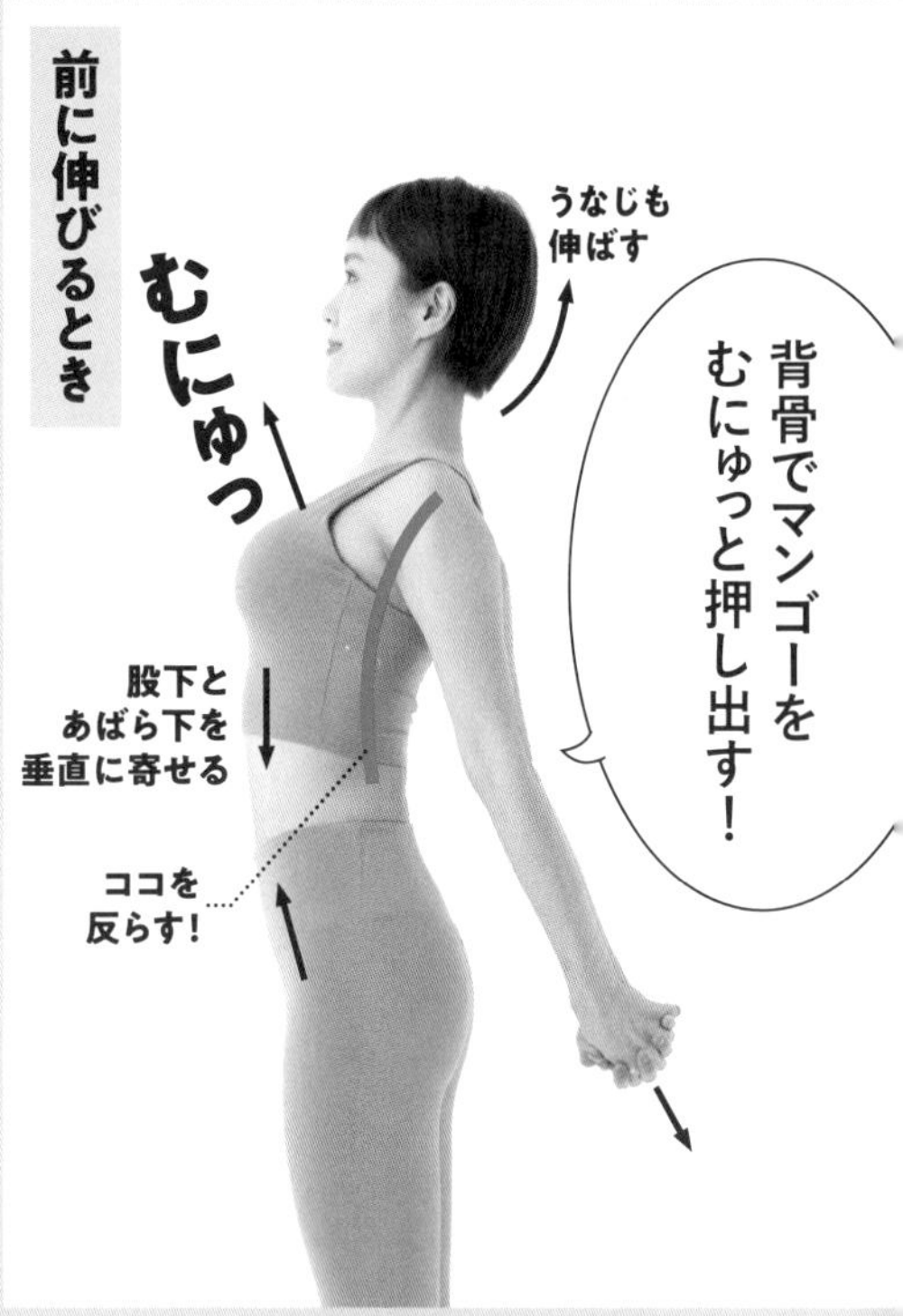

前に伸びるとき
背骨でマンゴーをむにゅっと押し出す！
うなじも伸ばす
むにゅっ
股下とあばら下を垂直に寄せる
ココを反らす！

手を体の後ろで組んで立ち、格子状にカットしたマンゴーの果肉を斜め上に押し出すイメージで、肩甲骨を寄せて背骨（胸椎）を反る。

動画でCHECK

remember

美姿勢が身につく

合言葉

マンゴーむにゅっ

くっついた背骨を
メリメリ動かす！
メリッ
むにゅっ
あばら骨1つひとつが
広がる感覚があればOK！

どの方向に体を伸ばすときも、あばら（胸椎）骨1つひとつを動かすイメージで行おう。背骨がメリメリ動く感覚がつかめればOK！

横に伸びるとき

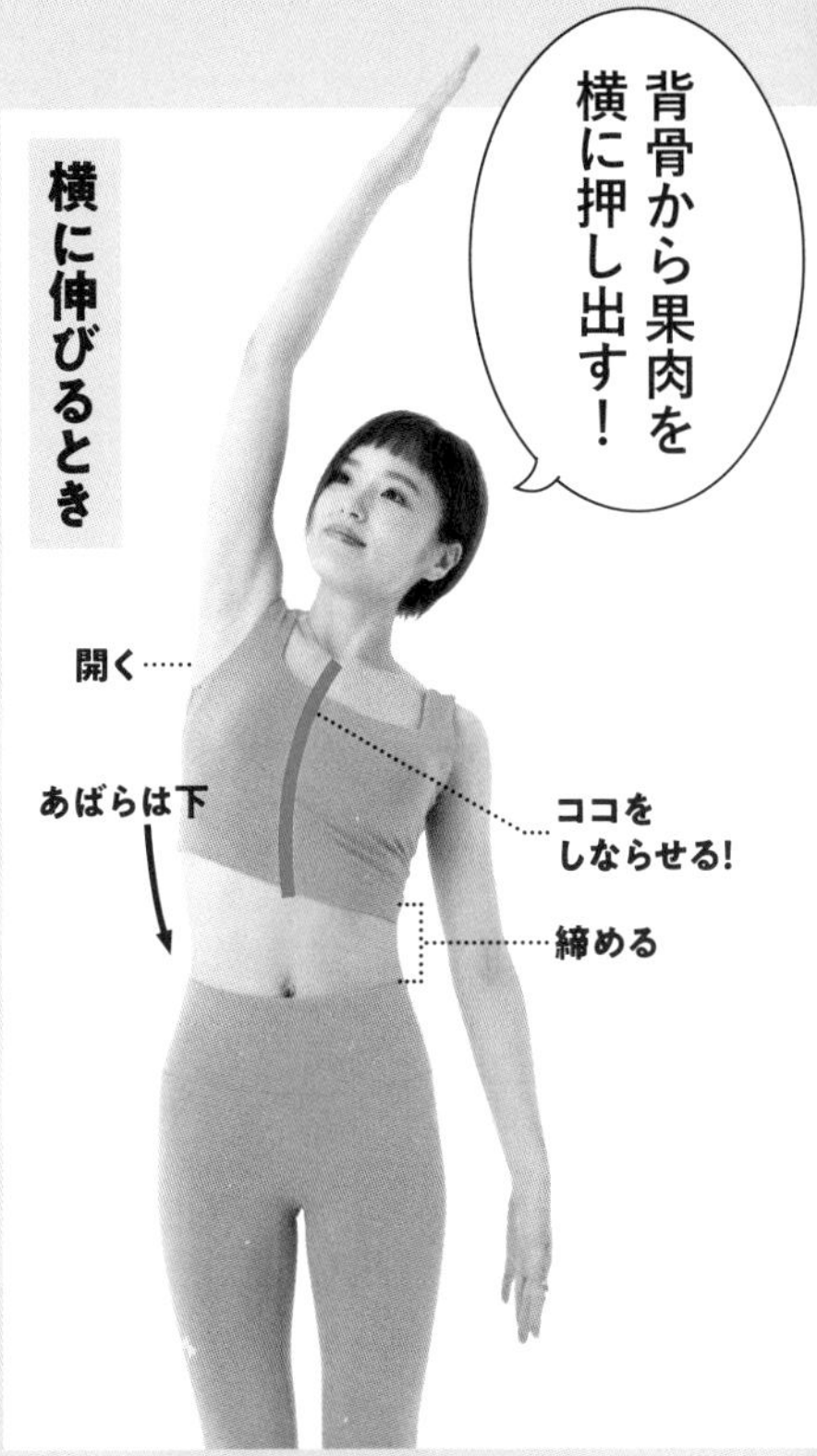
背骨から果肉を
横に押し出す！
開く
あばらは下
ココを
しならせる！
締める

片腕を斜め上に伸ばし、脇下からマンゴーの果肉を押し出すようにして背骨（胸椎）をしならせる。反対側も同様に行う。

体の前面を伸ばすときは、「うなじを伸ばす！」
（P.26参照）もイメージできると、より背骨がしなります！

感覚をつかめない人のための

胸椎コブラ

Step 1

うつ伏せになり脚を伸ばす。両手を胸の横について、特に小指側で床を押さえる。

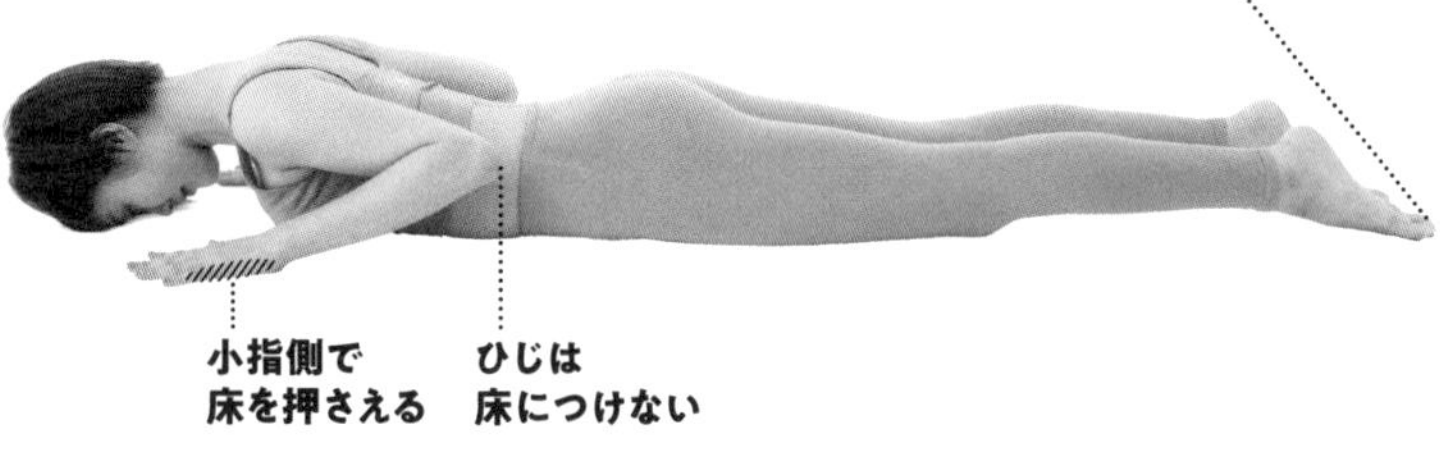

つま先まで伸ばす
小指側で
床を押さえる
ひじは
床につけない

ココを使う！

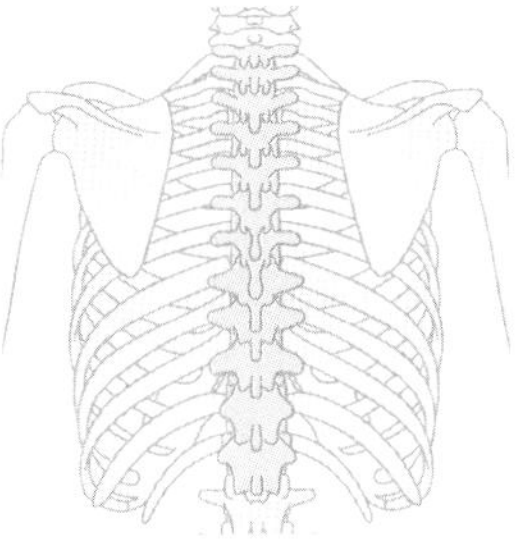

胸椎を使いこなす

歳を重ね、首や腰を痛めてからようやく知る「胸椎」という背骨。多くの人は胸椎の動かし方を知りません。「胸椎コブラ」は胸椎を動かす筋トレで、お腹や背中を引き締めたい人におすすめ。「うなじを伸ばす！」(P.26参照)や、「着物を脱ぐ！」(P.34参照)も合わせると効果的です。

Step 2

頭のほうから背骨を1つずつ持ち上げる。あばら骨の下側が浮くか浮かないかの位置で止める。太ももを床から1～2mm浮かし、足先を遠くへ伸ばす。そのまま深呼吸を繰り返しながら10秒キープし**Step 1**に戻る。3セット行う。

10秒キープ×3回

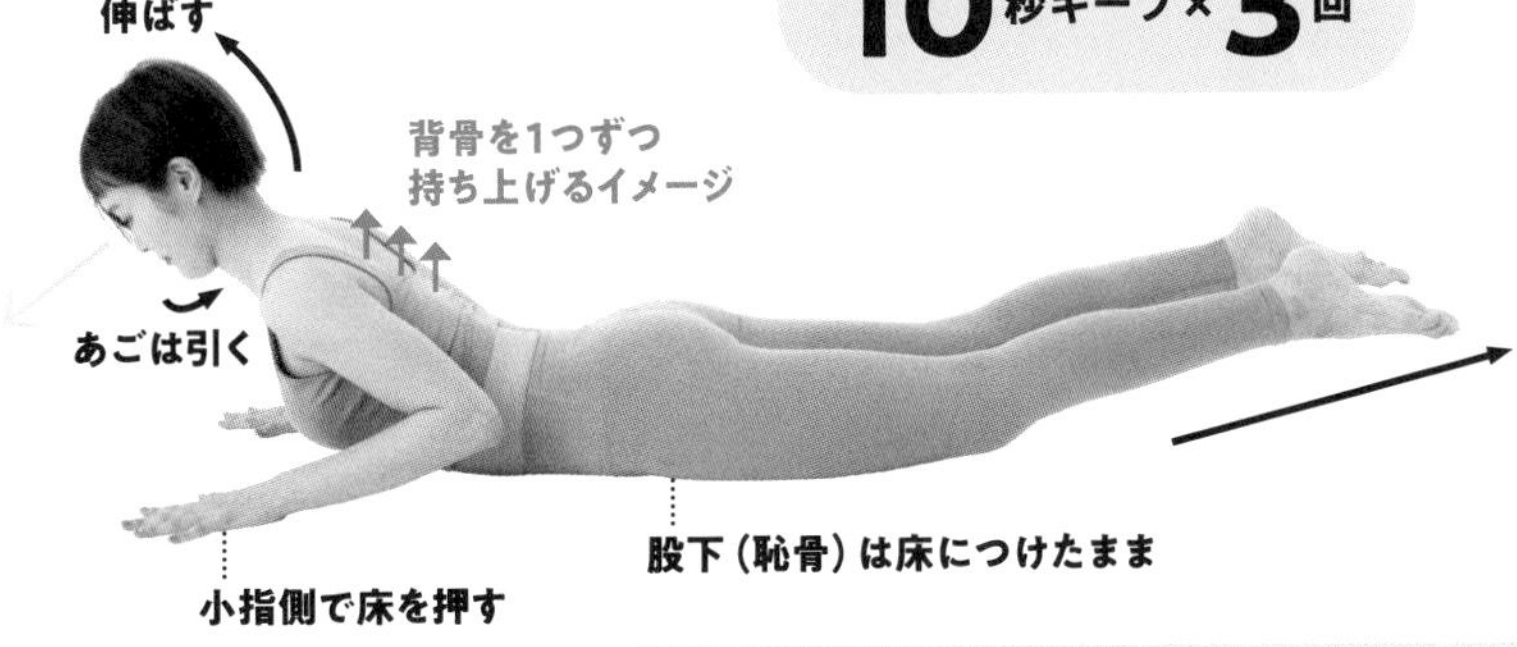
うなじを
伸ばす
背骨を1つずつ
持ち上げるイメージ
あごは引く
股下（恥骨）は床につけたまま
小指側で床を押す

☒ NG

肩の上がりに注意。腕の根元から外に回し、小指側で押さえると両ひじが開きにくい。

Aikotoba 09

マンゴーむにゅっ

背中がたるみやすいのは胸が使えていないから

合言葉

をリマインド!

座りっぱなしのとき

背骨は椎骨《ついこつ》と呼ばれる24個の小さな骨の積み重なりからできていて、ゆるやかなS字カーブを描いています。**この椎骨1つひとつがしなるように動くことで、人は重い頭を支えられるのです。**

しかし、惜しい体の使い方をしていると、椎骨間の動きが悪くなり、S字カーブも崩れて、さまざまな不調を招きます。

例えば、高い位置に洗濯物を干そうと思った

合言葉をリマインド！

立ちっぱなしのとき

果肉を押し出し、
うなじも伸ばす！

ときに、首や腰を反らせて見上げるような姿勢になる人はいないでしょうか。首や腰だけを使っていると、この部分にばかり負担がかかり、首痛や腰痛を引き起こします。さらに、**胸椎が使われないことで腹筋や肩甲骨まわりの背筋を使う機会が減ります。お腹のたるみや背中のハミ肉に悩んでいる人は、胸椎を使えていない可能性が高いでしょう。**

「マンゴーむにゅっ」の合言葉は、座っているときはもちろん、立っているときでもできるので、デスクワーク中だけでなく、料理をしたり洗濯物を干したりなど立って家事をするときにも気軽に行うことができます。**体を伸ばすときは、この合言葉を思い出し、胸椎をしならせるのを習慣にしましょう。**

Aikotoba 10

太ももの張り お尻のたるみ が消える階段昇降

OK

remember

美姿勢が身につく

合言葉

三兄弟は次男を守る!

薬指の上にひざを乗せるイメージ!

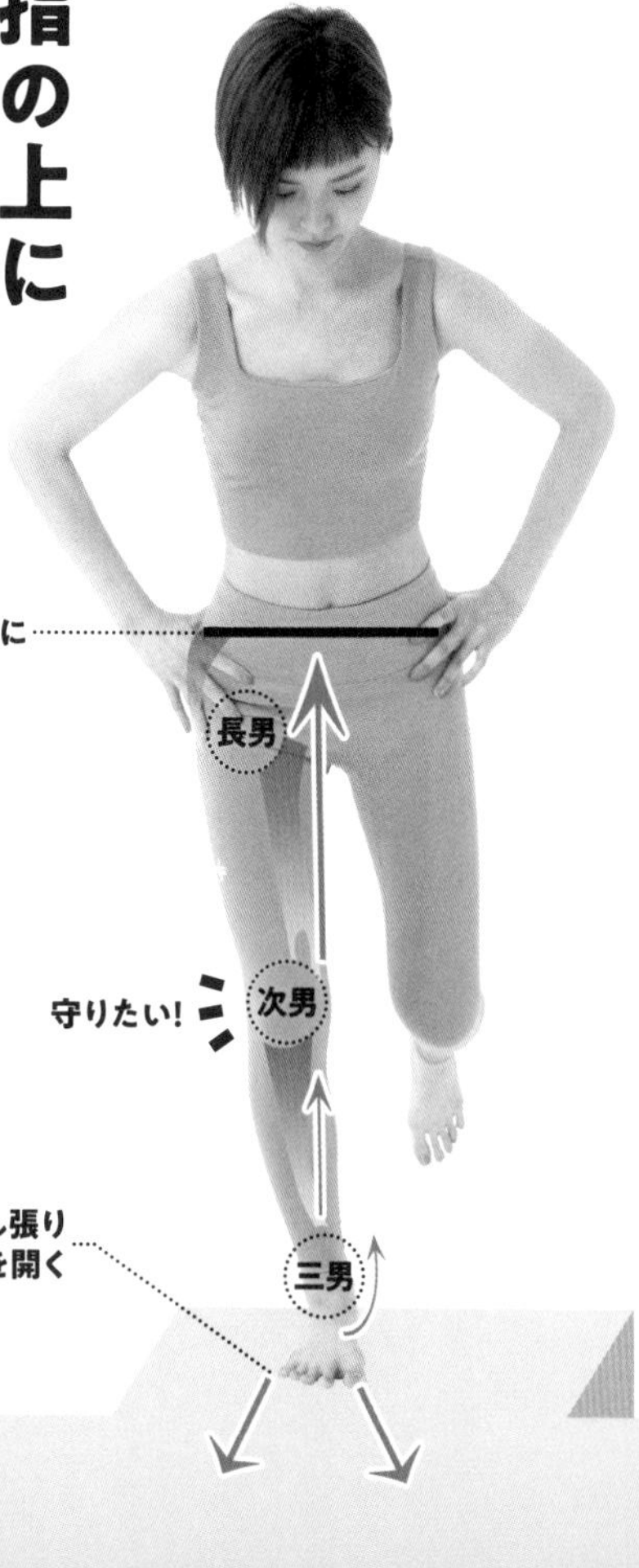

骨盤を水平に
長男
守りたい!
次男
小指側で踏ん張り
足指を開く
三男

ひざにまっすぐ体重をかける

脚の関節は、股関節（長男）、ひざ関節（次男）、足関節（三男）が連動して動くため、股関節が内へねじれると、つま先も内に向きます。でも、立ち姿勢では長男に三男がついてこないこともあり、次男は両者に挟まれストレス大。長男と三男の位置調整で、次男を守りましょう。

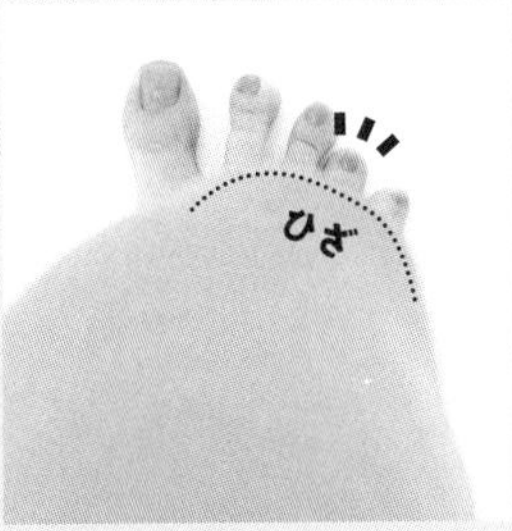

ひざ

×NG

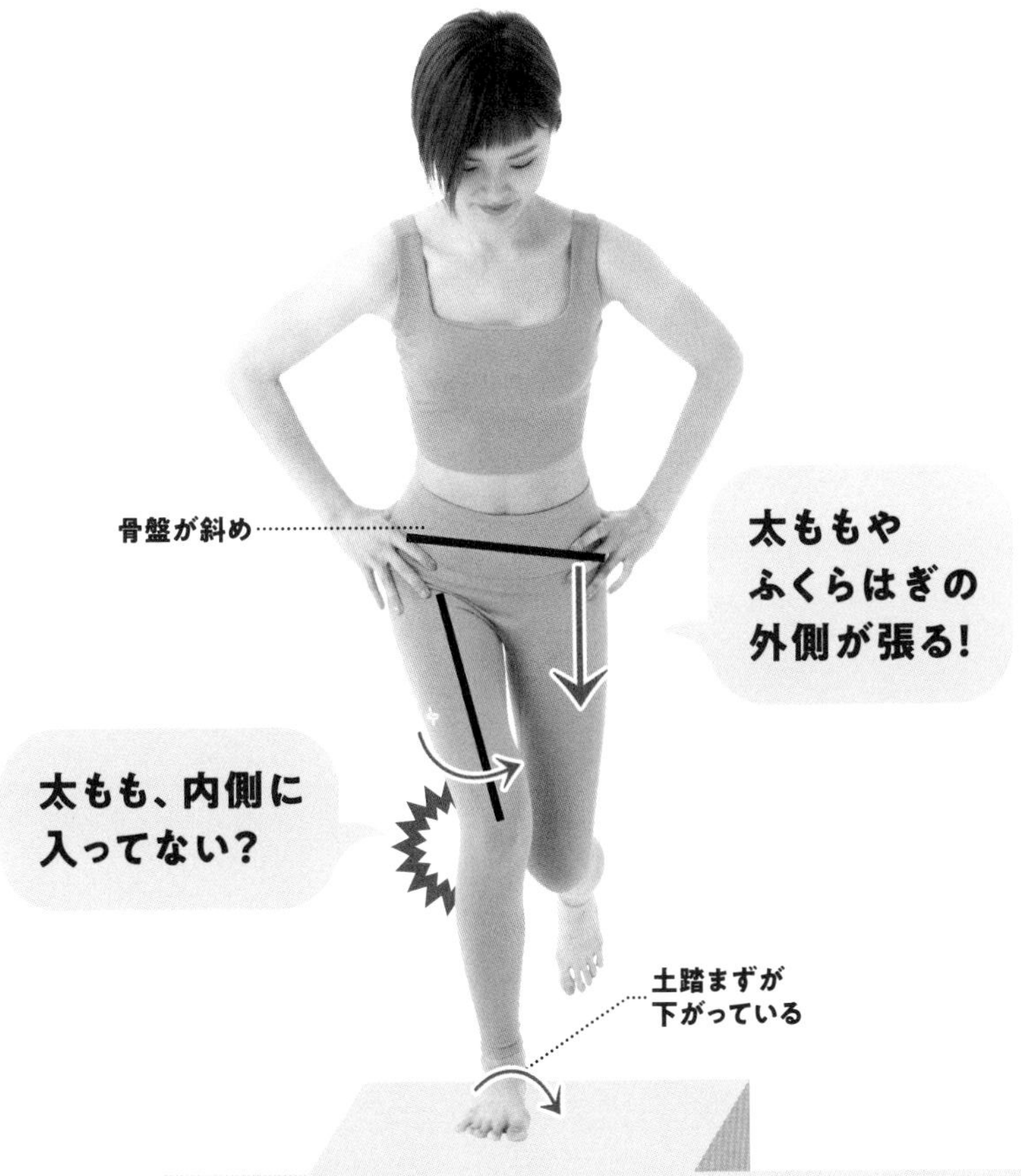

骨盤が斜め
太ももや
ふくらはぎの
外側が張る！
太もも、内側に
入ってない？
土踏まずが
下がっている

Aikotoba 10

太ももの張り
お尻のたるみ が消える 階段昇降

How to

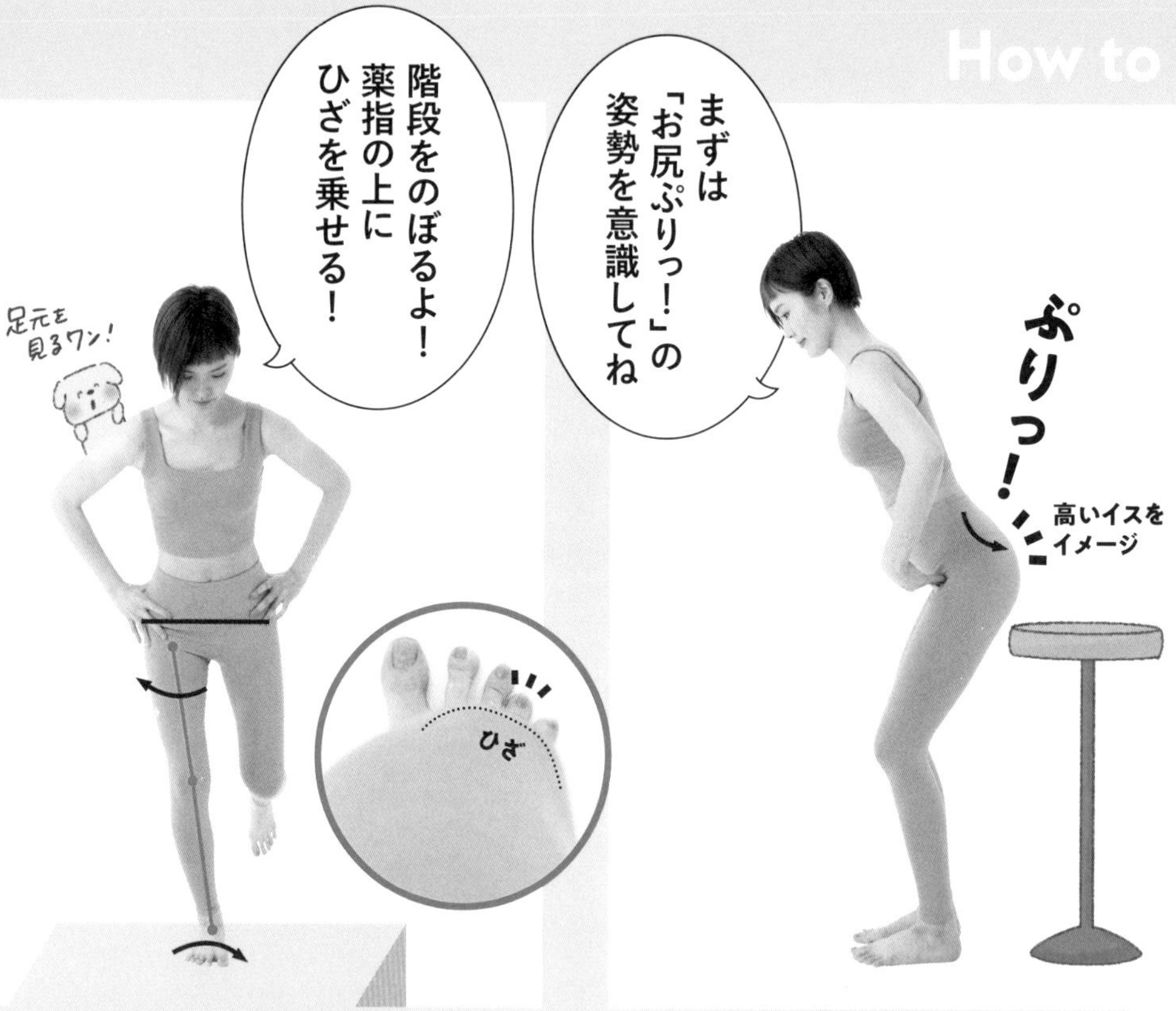

階段をのぼるよ！
薬指の上に
ひざを乗せる！
足元を見るワン！
ひざ
まずは
「お尻ぷりっ！」の
姿勢を意識してね
ぷりっ！
高いイスを
イメージ

骨盤に両手を当てて水平にする。足裏の小指側で体を支える意識で片足立ちする。真上から足元を見たときに、足の薬指あたりにひざのお皿があるのを目安にする。

カウンターチェアのような高いイスに座るイメージで、お尻を突き出して股関節を曲げる。

動画でCHECK

美姿勢が身につく

合言葉

三兄弟は次男を守る!

お尻横に力が入る
感覚があればOK!

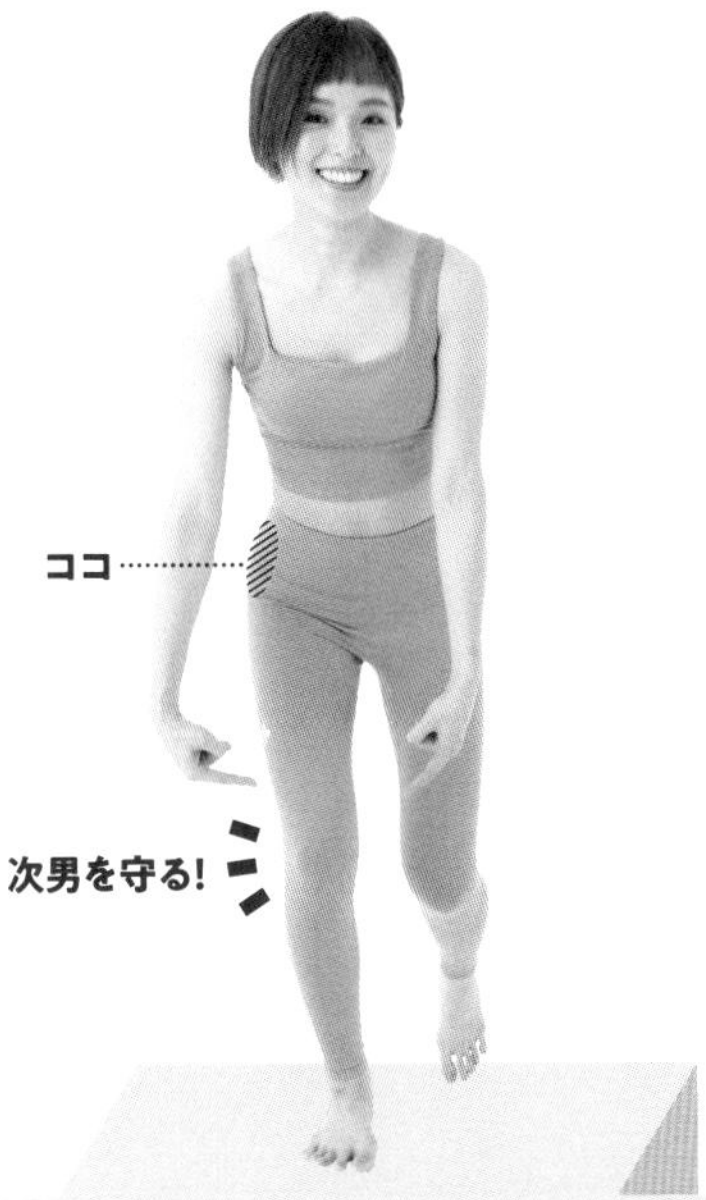

ココ
次男を守る!

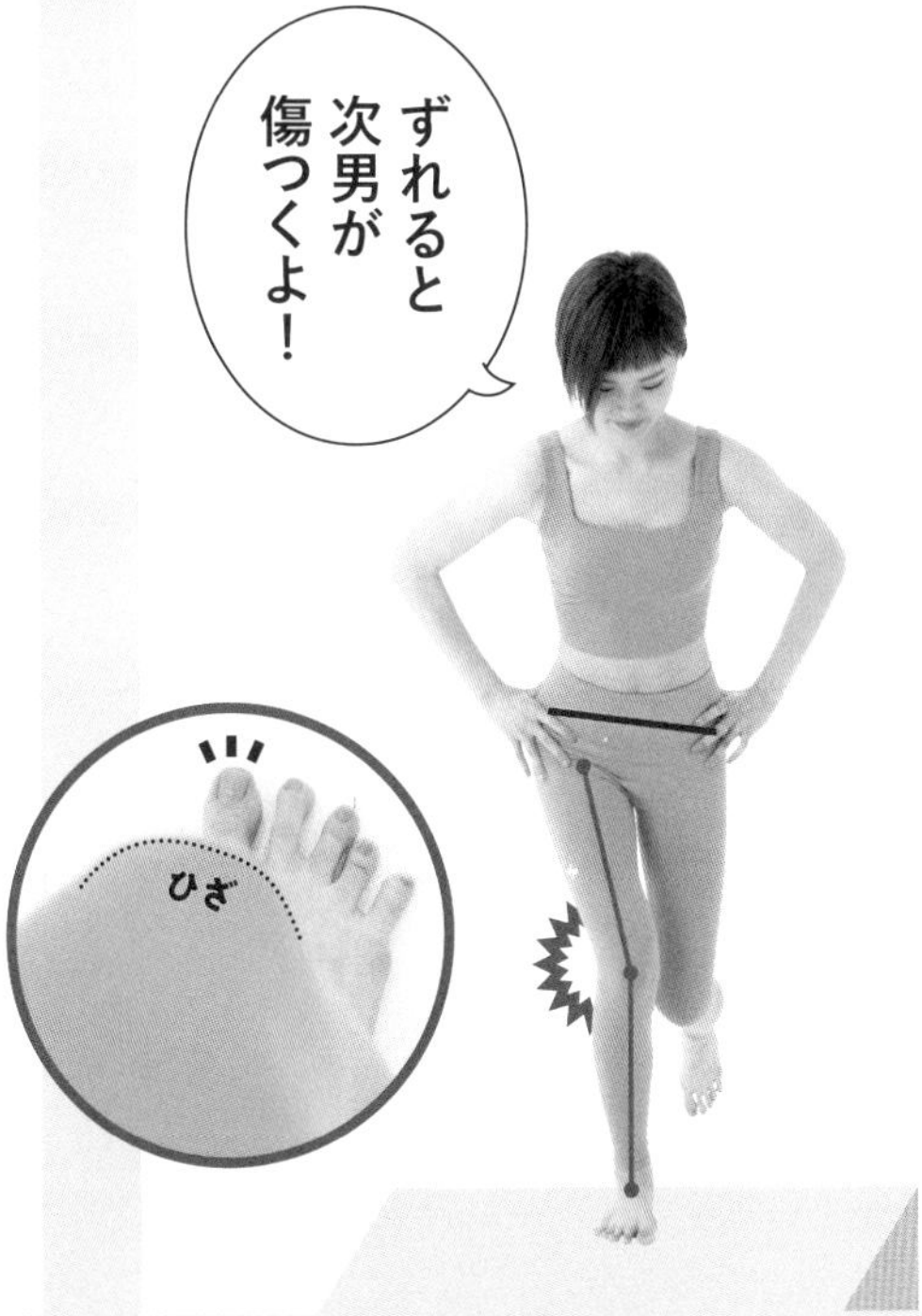

ずれると
次男が
傷つくよ!
ひざ

感覚をつかんだら、階段を何段かのぼってみよう! 真上からひざのお皿と薬指の位置を要チェック。お尻横に力が入ればOK。

真上から見たときに、つま先の真ん中にひざのお皿があるのはNG。骨盤が傾き、太ももが内へねじれるとひざの痛みの原因に。

「お尻ぷりっ!」のやり方は、88ページでおさらい!

感覚をつかめない人のための

片足ハーフスクワット

Step 1

スクワットの半分くらいの高さに腰を落とす。真上から足元を見たときに、足の薬指にひざのお皿がくる位置に調整する(P.106参照)。

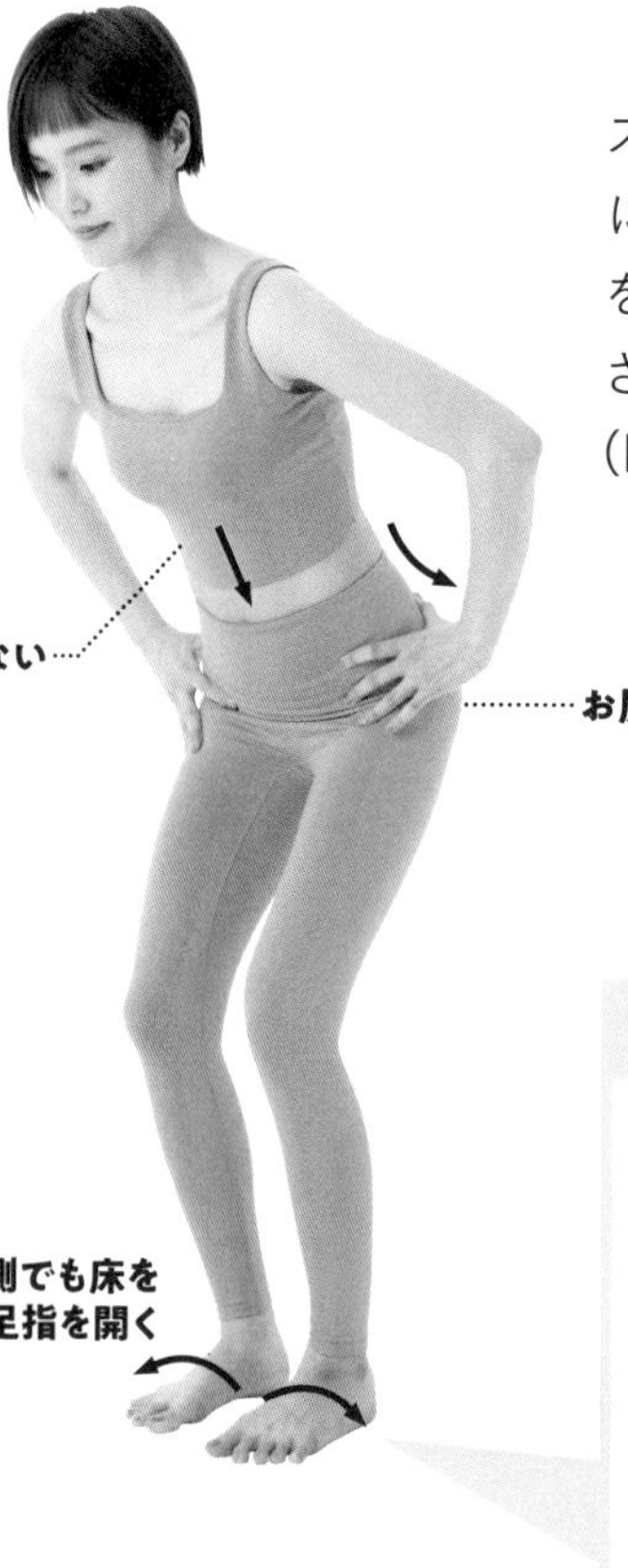
胸は張らない
お尻を突き出す
小指側でも床を
支えて足指を開く

足・ひざはこぶし1つぶん

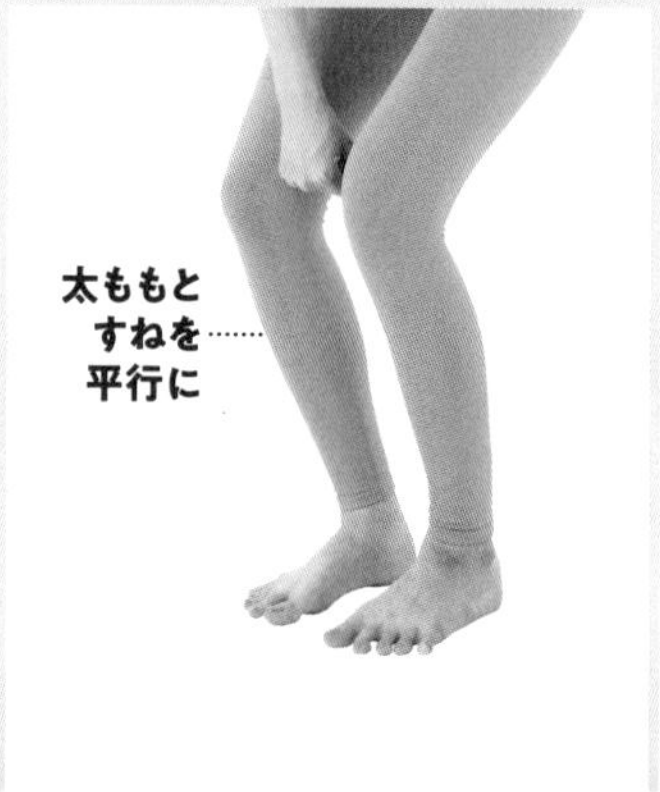
太ももと
すねを
平行に

ココを使う!

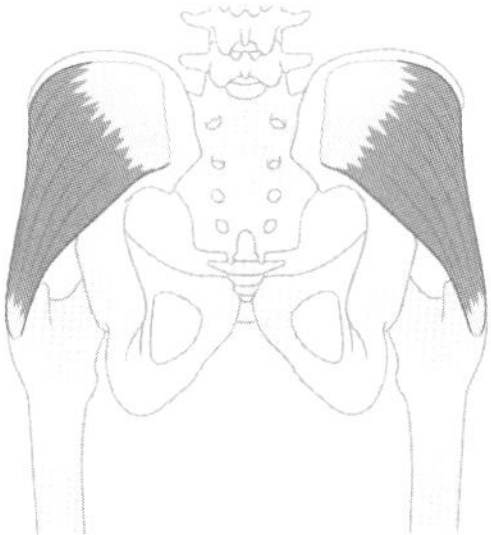

中殿筋で次男を守る!

片足を上げたときにぐらつく人は、お尻の横にある中殿筋《ちゅうでんきん》を鍛えましょう。片足立ちで骨盤が傾かないように支えてくれる筋肉で、お尻の形をよくしたい人にもおすすめ。ぐらつく人は手すりなどの支えを使います。ひざが痛い人は**Step 1**のみ行いましょう。

Step 2

目線は
斜め下
足の小指側に
体重を乗せる

体重を片方の足に乗せ、片足立ちになる。そのまま5秒キープし、**Step 1**の姿勢に戻る。反対側の足も同様に行い、3セット繰り返す。

左右×3セット

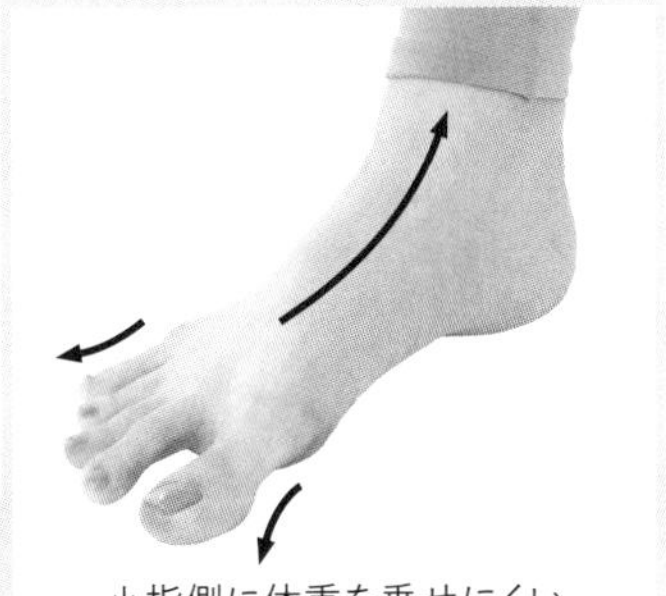

小指側に体重を乗せにくいときは「親指、小指ガバッ!」(P.52参照)をしてみよう。

Aikotoba 10

三兄弟は次男を守る！

股関節と足裏を使いこなすと丸いお尻、まっすぐな脚へ

よしよし、ちゃんと
薬指の上に
あるぞ！

合言葉をリマインド！

―イスに座るとき
立ち上がるとき

股関節（長男）と足関節（三男）に振り回されることの多いひざ関節（次男）ですが、次男が負傷しやすいのには、脚関節の構造が大きく関係しています。関節の動きには、曲げる・伸ばす（屈伸）、開く・閉じる（外転・内転）、ねじる（外旋・内旋）などがありますが、これら複数の動きができる長男や三男と違い、**次男は屈伸の動きがメインです。**そのため、長男と三男が違う方向に動くと、次男は本来わずかしか

合言葉をリマインド!

出勤するとき

次男を守るぞ〜!
前へ進め〜
おー!

ない「ねじる」動きを無理やりすることになり、痛めやすくなります。

　特に次男が振り回されやすい場面が階段ののぼり降りです。ただでさえ、ひざには体重の5倍のストレスがかかるのに、骨盤と足裏が傾くと次男にまっすぐ体重が乗りません。長期にわたるとひざの変形も……。**連動している長男、次男、三男は、いわば運命共同体。次男を痛めつければ長男や三男にも負荷は当然はね返り、股関節の変形や外反母趾といった悪影響が生じることもあります。**

　イスの立ち座りや階段で次男を気にしてみましょう。お尻横の中殿筋を使いやすくなるため、外ももの筋肉の負担が減り、お尻や脚がスッキリした印象になるでしょう。

Aikotoba 11

振袖肉／背中のたるみ が消える 物の持ち方

OK

remember

美姿勢が身につく

合言葉

根元から外旋＋小指の肉球！

脇後ろと小指の肉球を連動させるイメージ！

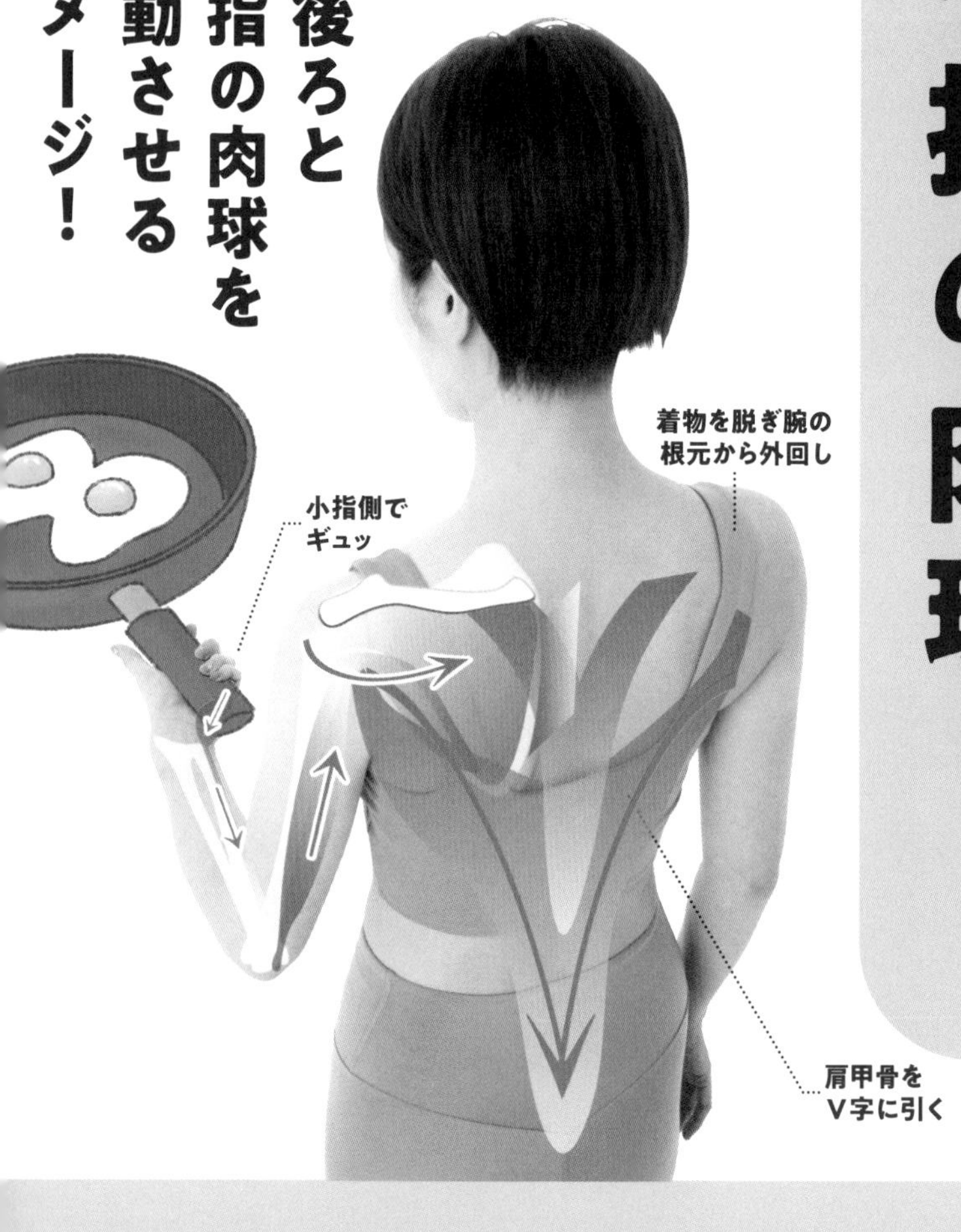

着物を脱ぎ腕の根元から外回し
小指側でギュッ
肩甲骨をV字に引く

小指の肉球側を使う!

肩甲骨から腕、手先は関節や筋肉のつながりで連動します。長時間のスマホ使用で親指側ばかり使う人は、腕が内側へねじれやすいです。腕の根元を外旋し(外へねじり)、小指の肉球側で握るイメージでクセづけを。

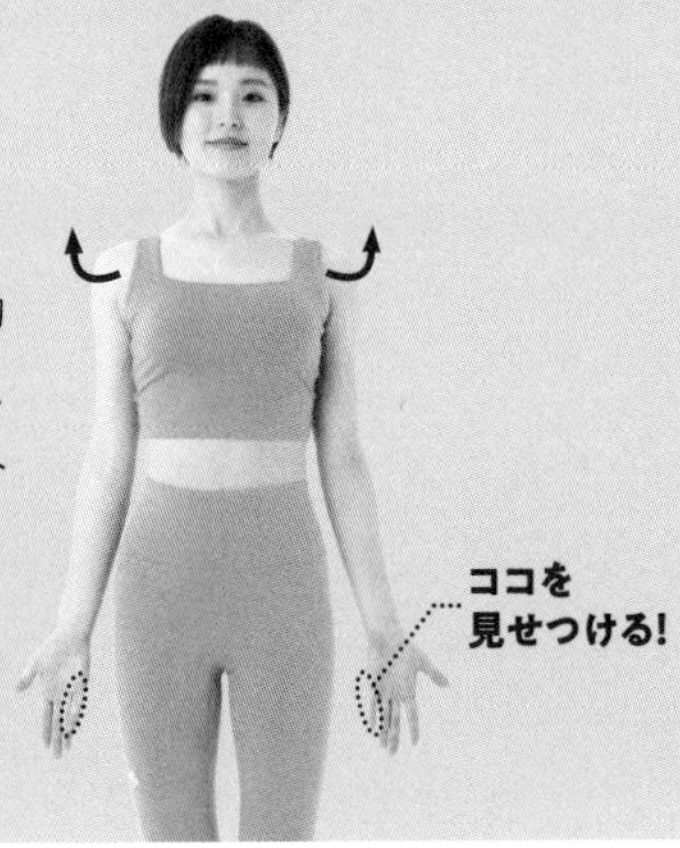

ココを
見せつける!

✕NG

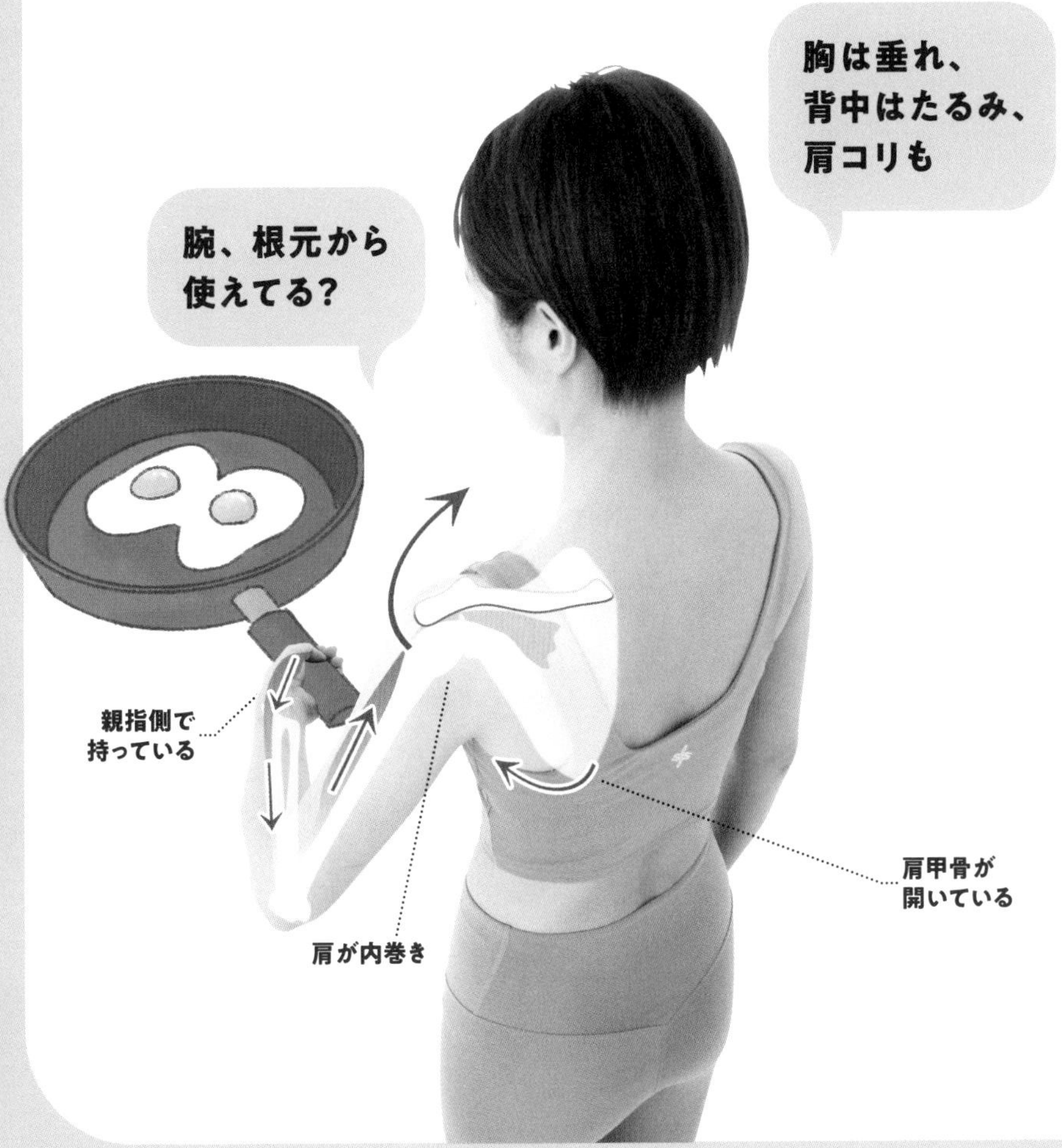

胸は垂れ、
背中はたるみ、
肩コリも
腕、根元から
使えてる?
親指側で
持っている
肩甲骨が
開いている
肩が内巻き

Aikotoba 11

振袖肉　背中のたるみ が消える物の持ち方

How to

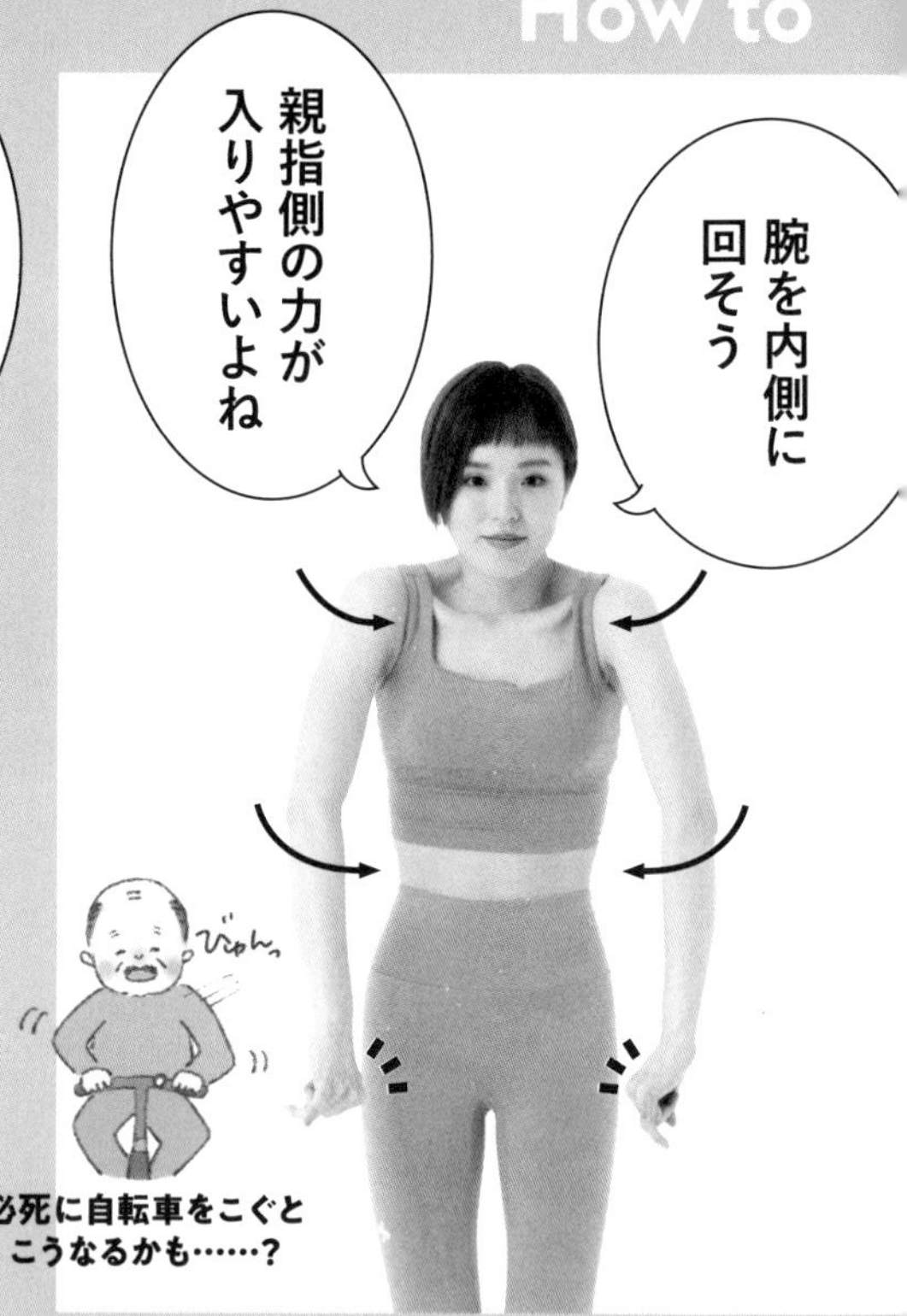
腕を内側に回そう
親指側の力が入りやすいよね
必死に自転車をこぐとこうなるかも……？

まずは肩と腕の連鎖を体感する。腕を内側に回すと、連動して肩が内側に入り、肩甲骨が離れて猫背に。手は親指側に力が入る。

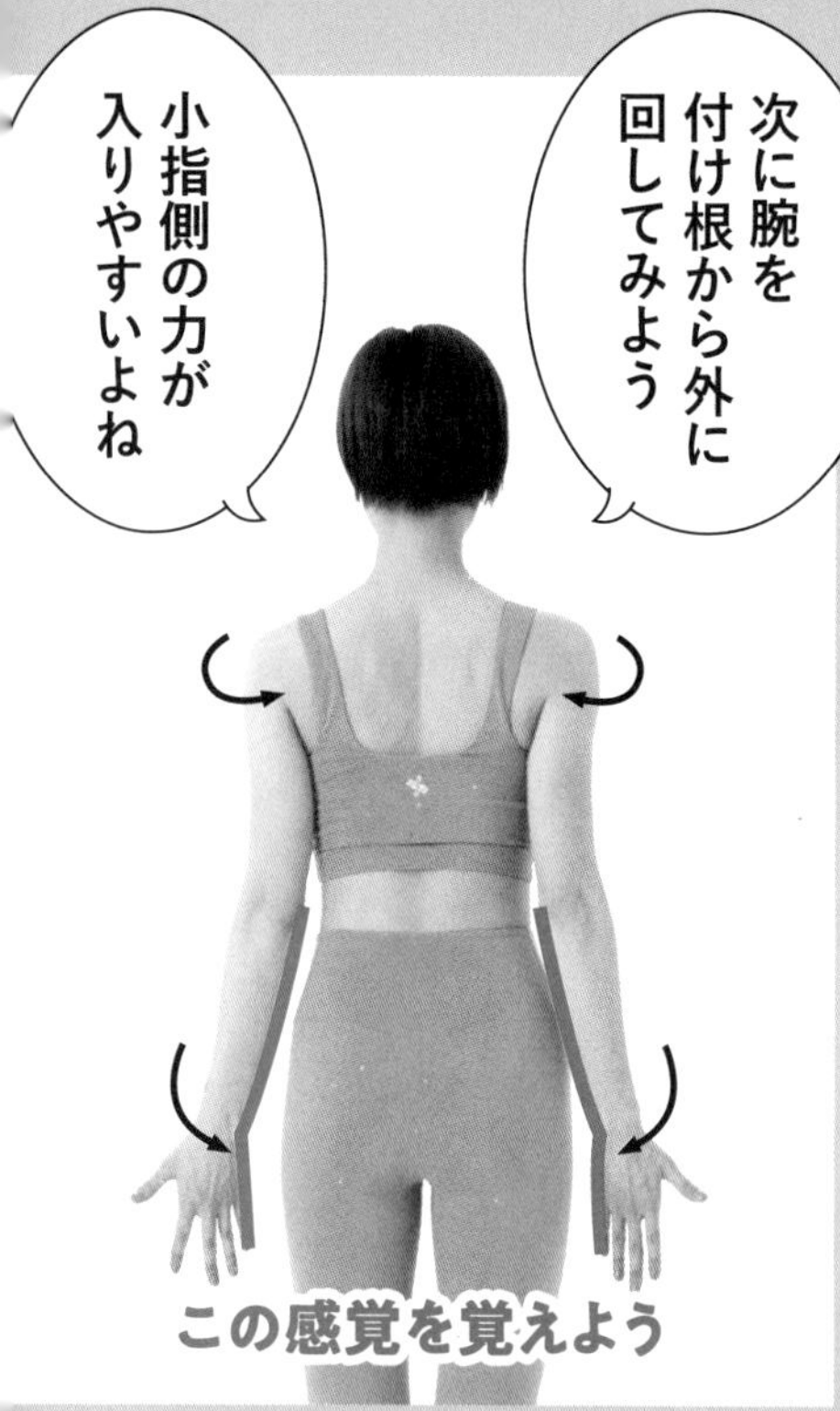
次に腕を付け根から外に回してみよう
小指側の力が入りやすいよね
この感覚を覚えよう

次に、逆の連鎖を体感する。腕を外側に回すと、連動して肩は外側に開き、肩甲骨が寄って背筋が伸びる。手は小指側に力が入る。

動画でCHECK

remember

美姿勢が身につく

合言葉

根元から外旋＋小指の肉球！

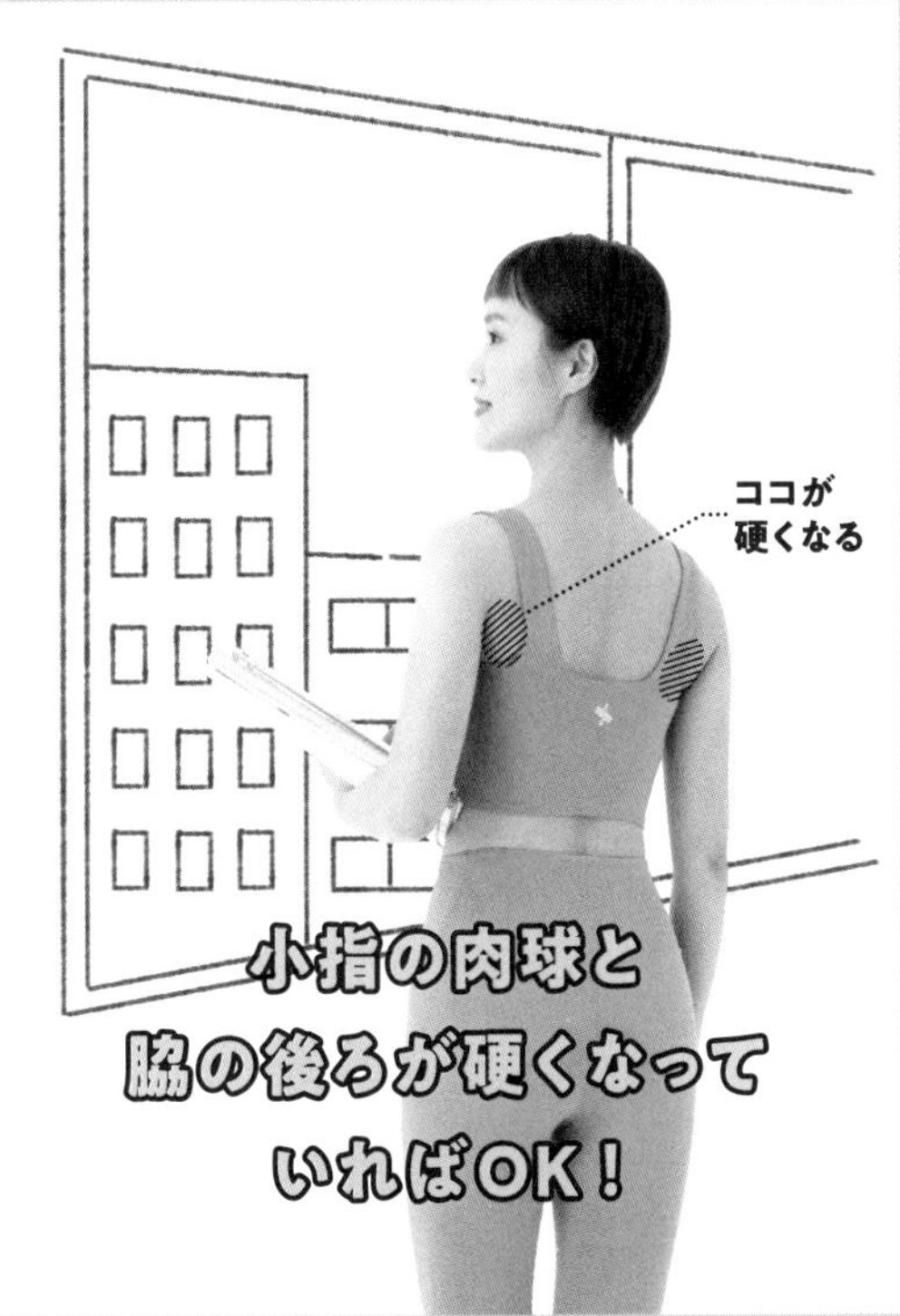
ココが
硬くなる
小指の肉球と
脇の後ろが硬くなって
いればOK！

物を持ったときに、脇の後ろ側と小指の肉球が硬くなっていればできている証拠！

じゃあ物を持つよ！
根元から外回し
小指側でギュッ
腕は根元から外へ回して物は小指側で持つ！

腕を根元（肩）から外に回し、小指側に力を入れて書類などの物を持つ。

☒ NG

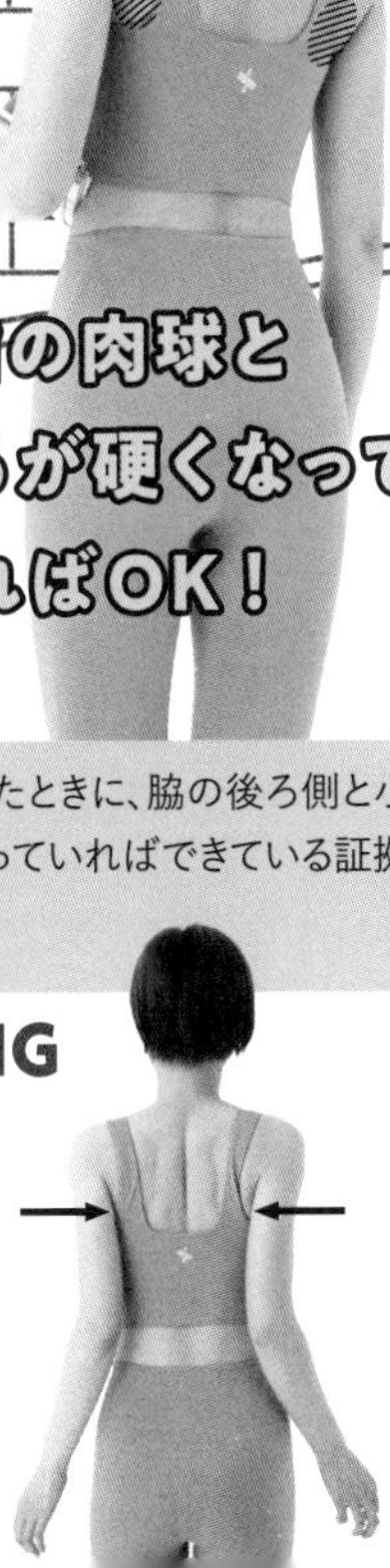

意識して脇を締めるのは惜しい

脇や肩甲骨を意識的に寄せるのはNG。腕の付け根を外側へ回すことで、“自然と”脇が軽く締まる。

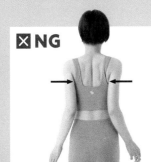

感覚をつかめない人のための

外旋+小指トレ

Step 1

四つん這いになり、ひと差し指が正面(ひじの面もほぼ正面)を向くように手の指をしっかりと開く。特に小指の肉球で床を押さえ、10秒キープする。呼吸は吐く息を長く繰り返す。

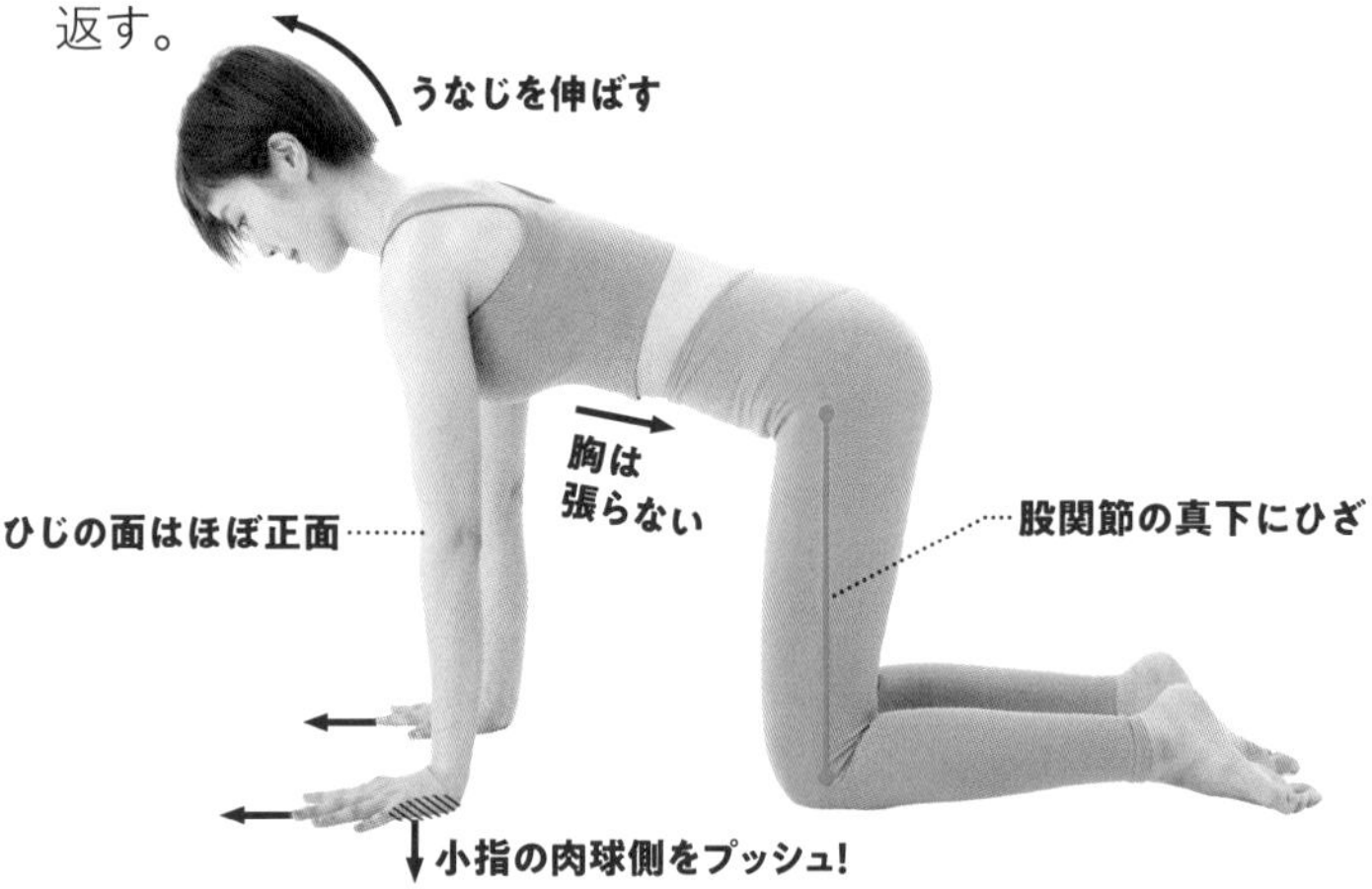
うなじを伸ばす
胸は張らない
ひじの面はほぼ正面
股関節の真下にひざ
小指の肉球側をプッシュ!

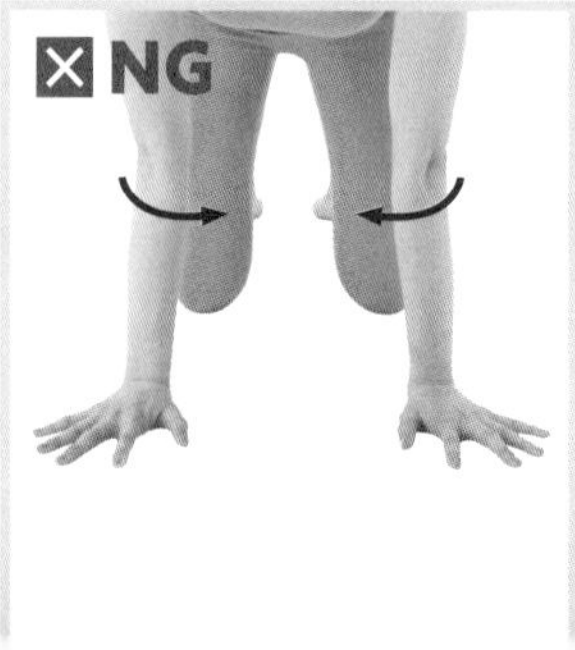
NG

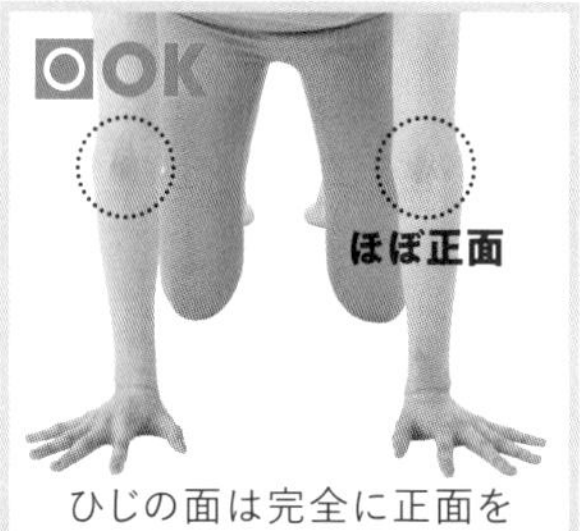
OK
ほぼ正面

ひじの面は完全に正面を向かなくてもOK。

ココを使う！

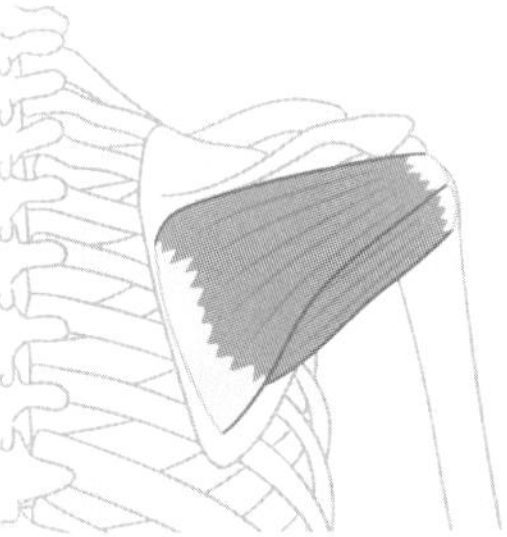

肩と手先の協調を 四つん這いで思い出させる！

「根元から外旋＋小指の肉球」がむずかしい人は、肩から手先の協調性が鈍っているかも。人は、子ども時代にハイハイで肩から手先の協調性を身につけてきました。四つん這いで、脇後ろの棘《きょく》下《か》筋《きん》・小円筋《しょうえんきん》と小指の肉球の協調性を再確認！

Step 2

体を起こし、手首をぶらぶらして指の力を抜く。**Step 1**に戻り、3回繰り返す。

10秒キープ×3回

手首が痛い人は114ページの動きを繰り返して感覚を身につけよう！

Aikotoba 11

根元から外旋＋小指の肉球！

腕を外側へねじると振袖肉が引き締まる

合言葉をリマインド！

ー料理をするとき

腕を根元から開き、
小指側を使う！

複数の関節は鎖のようにつながっていて、１つ動くと、その隣の関節も連なって動きます。また、骨や筋肉は膜で覆われていて、いくつもの膜が列をなしてつながっており、ある位置にくると同時に力が入ります。

　このしくみを体感してもらったのが１１４ページの動きです。例えば、腕を内側に回す（内旋する）と胸の筋肉に力が入り、そこからつながる二の腕の前側の筋肉や、手の親指の付け根

合言葉
をリマインド！

子供を抱くとき

小指の肉球で
支える イメージ！

の筋肉にも力が入りやすくなります。

一方、腕を外側に回す（外旋する）と、肩の後ろにある腱板という筋肉に力が入り、二の腕の後ろ側にある筋肉から骨膜を通して小指の肉球に力が入りやすい状態になります。

どちらもバランスよく使えるのが理想ですが、手作業は体の前側を使うことが多く、腕は内旋する傾向があります。外旋と小指を意識し、日頃のクセをリセットすることが大切です。

「根元から外旋＋小指の肉球！」ができるようになると、**背中や脇の後ろ、二の腕の後ろ側に力が入り、たるみが解消します。また、五十肩予防も期待できます。**料理中や子どもを抱くとき、ハンドルを握るとき、字を書くとき、デスクワーク中に合言葉を思い出しましょう。

教えてHiromi先生!

合言葉

Q&A

Q 部分的に引き締めたい場合は、限られた合言葉だけをやり続けてもいいのでしょうか?

A 大丈夫です。

局所的に脂肪を減らすのはむずかしいのですが、一部の皮膚のたるみを引き締めたい場合は、限られた合言葉だけでも使う筋肉が変わるため、効果を期待できます。余裕があればほかの合言葉も組み合わせてみましょう。

Q どれくらい続ければ、体型や体調に変化が出てきますか?

A 早くて1週間です。

合言葉を意識すると、姿勢が変わり、見た目の体型や印象、関節や筋肉へのストレス、血液循環、内臓の位置などが変わります。経験則ですが、1カ月はなんとなくの変化、3カ月で変化を実感、半年〜1年で明らかな変化が出ます。

Q 本当に1日1回、合言葉を思い出すだけでもいいのでしょうか?

A もちろんです。動き方のクセで使えていない筋肉があるため、脳や筋肉に学習させてリセットする必要があります。

1日1回でもいいので、ほぼ毎日意識してみましょう。余裕が出てきたら、何度か思い出せると、よりおすすめです。

Q 筋トレしなくても、体は変わりますか？

A

変わります。

合言葉の意識で姿勢や使い方が変わり、関節や筋肉が機能しやすくなります。すると見た目や疲れやすさ、便秘や肩コリ、腰痛など、体の不調にも変化が出ます。一方、筋トレも合わせるとより長期的な変化を感じられます。

Q 男性がやってもかまいませんか？

A

男性もぜひ。女性に限った合言葉ではありません。

痛みや異常、主治医からの運動制限がない限り、お子さまやご年配の方にもお試しいただきたいものばかりです。ぜひ、まずは1週間だけでも試してみてください。

Q やってはいけないときはありますか？

A

痛みがあるときや体調が悪いときはやめましょう。持病がある方や、関節に痛みや異常を感じている場合は、主治医に相談して指示に従ってください。意識しすぎると逆効果になることもあるので、ちょこちょこ行いましょう。

耳に残る「合言葉」は、一生続けられて一生ものの体を手に入れられる

「大した運動はしていないのに、日常の意識だけで体って変わるんですね」と、喜びの声をよくいただきます。「口すぼめで吐き切る！」を実践した人は、ウエストが引き締まり、ズボンがゆるくなったそうです。「三兄弟は次男を守る！」を実践した人は、今まで痛かったひざが嘘のように軽くなったそうです。

日常の中でちょこちょこ意識するだけで、変化を実感できる人がこんなに増えていることに、正直驚いています。運動を提案しても、長期的に続けられる人はごくわずかです。だからこそ、日常でちょこっと思い出すだけというのが気軽で、長く続けやすいのかもしれません。「続けること」が体を変える秘訣なので。

実は私自身、ジムやスタジオに長期で通うのが苦手でした。「日常生活を送るだけでも人は動いているんだから、その動きが、ついでによい筋トレやストレッチになればいいのに」と思ったのも、合言葉が生まれたきっかけの1つです。

今日も、床の物を拾うときは「お尻ぷりっ！」をしたり、ドライヤー中に「真ん

中よりかかと寄り」で足裏重心を意識したりしています。その結果、苦手だった前屈も、ガラケーのように折りたたむくらいまでできるようになったり、外反母趾で開けなかった親指を外に開けるようになったりしています。以前よりも断然、今のほうが、体が軽やかで疲れにくく、見た目も引き締まって感じます。

合言葉は、皆さんが作ってもいいのです。本書の合言葉を実践してみて、「これってこういう感じ？」という発見があれば、それを〝マイ合言葉〟にしてみてください。自分の耳に残り、印象が大きいもののほうが長く思い出せます。

効果を実感できた合言葉は、身近に悩んでいる人や、大切なご家族、ご友人にもぜひすすめてください。本書を読んでいただいた方が、痛みや不調、体型のお悩みから解放されたら幸いです。

最後に、編集部の方をはじめ本書に関わってくださったすべての皆様、応援してくださった皆様、そして支えてくれた家族へ心からの感謝を伝えたいです。

体を喜ばす日常へ。

Hiromi

Hiromi

パーソナルトレーナー。理学療法士。理学療法士時代の経験から、「体の使い方を知るきっかけを作りたい」という一心で、「一生使える体へ」をコンセプトにトレーナー活動を開始。現在はパーソナルレッスンに加えて、SNSや運動指導者向けの姿勢動作分析講座、オンラインサロン凛を通じて情報発信にも尽力。合言葉を使った体の使い方がわかりやすいと人気を呼び、世代問わず支持されている。

ホームページ
https://www.hiromismooth.com/

Instagram
hirominpppp

X(Twitter)
Hirominpp

YouTube
ストレッチルーム

日本一時短なボディメイク
すき間10秒クセづけ

著　者　Hiromi

2023年12月20日　初版発行

発行者　横内正昭
編集人　青柳有紀

発行所　株式会社ワニブックス
〒150-8482
東京都渋谷区恵比寿4-4-9えびす大黒ビル
ワニブックスHP　http://www.wani.co.jp/
お問い合わせはメールで受け付けております。
HPより「お問い合わせ」へお進みください。
※内容によりましてはお答えできない場合がございます。

印刷所　TOPPAN株式会社
製本所　ナショナル製本

※本書のメソッドは著者独自のものであり、
効果・効用には個人差があります。
※事故やトラブルに関して本書は責任を負いかねますので、
あくまでも自己責任においてご活用をお願いいたします。
※本書のメソッドを行うことに心配や不安がある場合は、
専門家や専門医にご相談のうえお試しください。

ISBN 978-4-8470-7374-8

staff

装丁・本文デザイン
木村由香利（986DESIGN）

撮影
布施鮎美

スタイリング
露木藍

ヘアメイク
猪狩友介（Three PEACE）

本文イラスト
ささきゆか、内山弘隆

執筆協力
上野真衣

校正
深澤晴彦

編集
岡田直子（ヴュー企画）

編集統括
吉本光里（ワニブックス）

衣装クレジット
P.4 ローファー
ダイアナ 銀座本店
03-3573-4005

P.3 ジャケット、P6 カーディガン、P.4 コート、パンツ
Bluene
03-6812-9325